젊은 변호사의 고백

그들은 어떻게 최고 권력을 위해 일하는가?

젊은 변호사의 고백

김남희 지음

들어가며

〈추적자〉, 〈도가니〉
그리고
〈부러진 화살〉

● 형사 백홍석의 외동딸 수정은 교통사고로 중상을 입는다. 가해 차량에는 국회의원이자 유력 대권후보 강동윤의 아내인 서지수와 인기 가수 PK준이 타고 있었으며 이들은 밀회를 즐기던 사이였다. 강동윤은 장인어른인 서 회장의 대권후보 사퇴 압력에서 벗어나기 위해 지수가 낸 교통사고를 빌미로 삼고, 백홍석의 친구이자 의사인 창민에게 거액을 쥐여줌으로써 혼수상태에서 호전되던 수정을 청부 살해한다. 딸을 잃은 백홍석은 사라져버린 증거들을 어렵게 찾아내 PK준이 뺑소니 범인이라는 사실을 알아내고 PK준을

검거하여 드디어 재판이 시작된다. 이 사건의 전모가 밝혀지면 정치 인생에 치명타를 입을까 우려한 강동윤은 PK준을 위해 대법관 출신 변호사를 선임한다. 변호사는 증거를 조작하고 거짓 증인을 앞세워 수정이 마약과 원조교제에 찌들어 대로변에 쓰러져 있다가 사고를 당한 것으로 몰아간다. 그리하여 PK준은 무죄판결을 받게 되는데……

● 지방 소도시 무진에 있는 청각장애인학교에 기간제 미술교사로 부임한 강인호는 학교 실세인 교장과 교사들이 학생들에게 가혹 행위를 저지르는 것을 목격한다. 이들이 몇몇 청각장애인 학생들을 지속적으로 성폭행, 성추행 해왔다는 사실을 알아내 인권단체 간사인 유진의 도움을 받아 교장과 교사들을 법정에 세우게 된다. 교장과 교사들은 부장판사 출신 변호사를 선임해 재판을 유리하게 끌고 가며 가난하고 세상물정 모르는 피해 학생 할머니에게 합의서를 받아낸다. 심지어 검사를 사주해 결정적 증거를 누락시켜 결국 가해자들은 모두 집행유예로 풀려나게 된다.

● 모 사립학교 교수인 김영호는 대학 입학 시험에 출제된

수학 문제에 오류가 있음을 지적한 후 부당하게 재임용에서 탈락한다. 교수 지위를 다투는 소송의 1심에서 패소하고 항소심마저 억울하게 기각되자, 분노한 김 교수는 2심 재판장인 박봉주 판사 집으로 찾아가 공정한 재판을 요구하며 석궁으로 위협하기에 이른다. 격렬한 몸싸움 끝에 복부에 상처를 입은 박 판사는 병원에 후송되고 김 교수는 체포된다. 법원은 판사회의를 열어 김 교수의 행위를 사법부에 대한 도전이자 '테러'로 규정하고, 엄중 처벌하겠다는 입장을 발표한다. 하지만 살인미수죄로 기소되어 재판에 회부된 김 교수는 석궁을 쏜 적이 없다고 주장하면서 재판은 난항을 거듭한다. 김 교수는 사건 현장에서 석궁이 우연히 발사되었으나 벽을 맞고 부러졌을 뿐이라고 주장하지만, 사건 현장에 '부러진 화살'은 남아 있지 않다. 김 교수는 증거로 제출된 박 판사의 내의와 조끼에만 혈흔이 남아 있고 와이셔츠는 깨끗하다는 점에 의문을 제기하며 박 판사의 혈액 감정을 요구하지만, 재판부는 이를 받아들이지 않는다.

2011년, 그리고 2012년 수많은 국민들이 열광하고 또 한편 분노했던 드라마 〈추적자〉, 영화 〈도가니〉, 그리고 영화 〈부러진 화살〉의 줄거리이다. 드라마 〈추적자〉는 20퍼센트가 넘는 시청률을 기록하며 동시간대 프로그램 중에서 시청률 1위를 차지했고, 영화 〈도가니〉는 461만 명, 〈부러진 화살〉은 346만 명이 넘는 관객을 동원하며 예상을 훨씬 뛰어넘는 흥행 돌풍을 일으켰다.

 시청률이나 관객 수보다 더욱 주목을 끄는 것은 시청자와 관객들의 열광적인 반응이다. 드라마 〈추적자〉는 "우리 현실을 보는 것 같다", "지나치게 현실적인 드라마", "일개 힘없는 서민으로 너무 공감된다"라는 시청자들의 반응을 끌어냈다. 또 영화 〈도가니〉의 경우 솜방망이 처벌에 대한 국민들의 분노가 들끓어 작품의 배경이 되었던 인화학교가 폐교되고 가해자들은 재수사 끝에 처벌받았으며 관련법이 개정되었다. 〈부러진 화살〉 역시 영화 개봉 후 사법부에 대한 비난 여론이 비등해 법원에서 '실제 사건과 영화의 차이'를 설명해가며 국민과 소통을 위한 행사를 마련하는 웃지 못할 해프닝마저 일어났다.

 국민들의 이런 열광적인 반응과는 달리, 이 영화와 드라마에 대한 법조인들의 반응은 생각보다 냉랭하다. "영화가 전혀 현실성이 없다. 실제 사건은 이와 다르다"라고 주장하며 실제 사건과의 차이를 설명하는 글을 올리는 판사도 있고, "99퍼센트는 잘하고 있는데, 잘못된 1퍼센트만 크게 다뤄서 사법 불신이 생긴다"며 볼멘소리로 억울함을 호소하는 이들도 있다. 심지어 "법원의 권위가 땅에 떨어지고……" 운운하고, "판사에 대한 욕설과 폭력이 아무런 죄책감 없이 행해지고 있어도 잘못을 지적하는 자는 없다"[1]며 개탄하기까지 한다.

같은 드라마와 영화를 관람한 이들이 이렇게 상반된 반응을 보이는 이유는 무엇일까? 과연 대한민국의 현실은 어느 쪽인가. 영화와 드라마가 그려내듯이, 전관 출신 변호사가 돈과 권력이 있는 자에게 유리하게 재판을 몰아가고, 검사는 부탁을 받고 증거를 누락하는가 하면 법원은 서민의 목소리에 귀를 닫고 권력의 구미에 맞는 판결을 내린단 말인가? 아니라면 이런 것들은 작품을 좀 더 흥미 있고 자극적으로 만들기 위해 설정한 허구이거나 극적인 장치에 불과한 것인가? 우리나라 사법부는 진실로 돈과 권력이 없는 서민들을 절망의 구렁텅이로 몰아넣고 있는가. 영화와 드라마는 어디까지가 허구이고, 어디까지가 진실인가.

드라마 〈추적자〉는 지어낸 이야기이지만, 영화 〈도가니〉는 광주 인화학교에서 실제로 발생했던 교장과 교직원들에 의한

---

[1] 박철, 〈판사에게 보내는 갈채〉(법률신문 2012년 2월 16일자에서 발췌).

지속적인 성폭력 사건을 각색한 작품이다. 또 〈부러진 화살〉은 2007년도에 일어난 석궁 테러 사건을 토대로 한, 감독의 표현에 따르면 '90퍼센트 이상이 실제 재판 기록 등 사실에 근거한 내용'이다. 허구든 사실이든 중요한 것은, 이 영화와 드라마에 수많은 사람들이 공감하고 분노하며 우리 현실을 제대로 그려냈다고 느끼는 반면, 영화나 드라마에서 악역을 맡은 법조인들은 이에 좀처럼 공감하지 못한다는 점이다. 이 책은 이런 인식의 괴리에서 출발한다.

왜 대한민국 법조계는 이토록 국민들과 다른 생각에 사로잡혀 있는 것일까. 나는 지난 10년간의 경험을 돌아보며 쉽게 드러나지 않은 법조계의 문제점들을 파헤치고 과연 우리나라 법조계가 무엇을 반성하고 바로잡아야 하는지를 공론장을 통해 얘기하고 싶었다. 우리 법조계에 대한 학술적·통계적 분석이나 연구 자료는 적잖이 나와 있다. 하지만 나는 왜 그런 현상이 발생하는가, 현상의 이면에 숨어 있는 실제 원인은 무엇인가, 법조계는 왜 그토록 권위적이고 경직돼 있으며 국민들과 동떨어진 생각을 할 수밖에 없는가라는 질문을 던지고 이와 관련된 문제를 근본에서부터 파헤쳐보고 싶었다.

더 나아가 나는 법조계에 대한 오해도 어느 정도 풀어주려

한다. 통념과는 달리 법조계는 부패가 심한 집단은 아니고, 오히려 우리나라 권력층 일반에 비해서는 상대적으로 청렴한 집단일 수도 있다. 보통 수사나 재판 과정에서 발생하는 법원에 대한 불신은 법조인이 아닌 일반 국민들은 쉽게 이해하기 어려운 법적 쟁점에 대한 오해에서 비롯된 경우가 많다. 특히 오해를 사는 형량은 대개 사건 뒤에 숨은 실체적 정의와 구체적 타당성을 감안한 결과이기도 하다. 많은 법조인들은 인간적으로 존경할 만한 성실한 사회인이다. 사법 불신은 법조인 개개인의 도덕성 때문이라기보다는 오랜 독점화와 폐쇄적인 구조로 인해 발생하는 구조적 문제에 가깝다.

그런데 문제는 일반 국민들은 물론이고 법조인들도 이를 제대로 인식하여 시정해야 한다는 생각을 못 한다는 것이다. 나는 10년 남짓 법조에 몸을 담은 내부자이자, 시민단체에서 일하는 외부인의 입장에서 균형 잡힌 시각으로 이런 문제를 들여다보고 공론화하고 싶었다. 내부에 모여 탁상공론만 반복해서는 아무것도 달라지지 않을 테니 말이다.

객관적인 통계에 근거를 두지 않고 법조계 생활이라는 직간접 경험을 바탕으로 글을 썼기에 독자에 따라서는 나의 경험과 문제인식이 지나치게 개인적이고 편협하다고 느낄 수 있다.

100퍼센트 객관적인 체험이나 인식이 존재할 수 있겠는가. 나 역시 살아온 경험이나 시야에 영향을 받을 수밖에 없다. 그래서 모두를 설득할 수 있는 지극히 객관적이고 논리적인 글을 썼노라고 주장하지는 않을 것이다. 어떠한 비판이나 지적도 환영한다. 하지만 특정 계층이나 집단의 눈치를 보거나 신경 쓰지는 않았다. 이 글로 법조계의 고질적인 권위 의식과 폐쇄성, 법조인과 국민들 사이의 인식의 괴리가 어떻게 형성되고 공고화되는지를 설명하고 의미 있는 시야를 제공할 수 있기를 바란다. 더불어 문제 해결을 위한 공론장을 마련할 수 있다면, 그것으로 충분하다.

차례

들어가며 〈추적자〉, 〈도가니〉 그리고 〈부러진 화살〉 … 4

1장
권력에 대한 편애는 어디에서부터 시작된 걸까

나경원 사건의 진실 … 19
정봉주의 유죄 판결은 정당한가 … 26
섬성을 건드릴 수 있는 자 … 44
법관들의 자만심과 오만은 어디에서 오는가? … 53
초등학생도 알 만한 일을 눈감아버리는 … 59

2장

법조계, 출발부터 너무 다른

- 연세대 나와서 콤플렉스 있니? ··· 69
- 청춘을 다 바쳐서 붙은 시험인데 ··· 79
- 사법연수원에 구급차가 대기하는 이유는? ··· 85
- 연수원에 들어가는 순간 달라지는 것들 ··· 93
- 북창동 코스를 아시나요? ··· 99
- 판사님을 은행까지 내려오라고? ··· 107

3장

이해할 수 없는 판결이 나오는 진짜 이유

변호사 : 믿을게 변호사라고? ··· 115

검사 : 줄을 잘서야 하는 ··· 120

판사 : 바빠도 너무 바쁜 판사님 ··· 126

당사자 : 당신을 위한 법은 없다 ··· 133

4장

왜, 갈수록 법조계는 보수화되는가?

모범생 기질을 타고난 ··· 141

워낙 형량가지고 말들이 많으니까 ··· 147

전관예우는 어디까지? ··· 152

유전무죄, 무전유죄 ··· 160

눈높이 차이 ··· 167

사라진 독수리 오형제를 찾아서 ··· 172

5장
우리가 만나야 할 사법부

뿌리깊은 나무를 찾아서 ··· 181
무엇보다 중요한 건 ··· 186
반말하지 마세요 ··· 191
여론재판이 무서워요 ··· 195
눈치보는 판사님 ··· 200
사법부에 꼭 필요한 한 가지 ··· 205
15년전 면접을 떠올리며 ··· 210

맺음말 우리를 좌절감에 빠트리게 하는 것은 무엇인가? ··· 214

감사의 글 ··· 219

1장

권력에 대한 편애는
어디에서부터
시작된 걸까

나경원 사건의 진실

● 자위대 행사에 참석한 나경원 전 의원이 친일파라는 말이 인터넷에서 떠돌았던 적이 있다. 한 네티즌이 나경원의 홈페이지에 이에 관해 물었다가 묵살당하자 관련 내용을 블로그에 올린다. 나경원의 보좌관이 이 네티즌을 명예훼손으로 고발하고 검찰이 기소했는데, 단 8개월 만에 1, 2심을 거쳐 대법원에서 벌금 700만 원의 확정 판결을 내렸다. 그로부터 약 5년이 흘러 이 사건은 새로이 주목받게 된다. 나경원의 남편인 서울서부지방법원의 김재호 판사가 서부지방검찰청 검사에게 이 네티즌을 기소해달라는 청탁 전화를 했다는 주

장이 나왔기 때문이다.

서울시장 선거 직후 엄청나게 이슈가 되었던 나경원 의원의 남편 김재호 판사의 기소 청탁 사건에서 이야기를 시작해본다. 팟캐스트 '나는 꼼수다'는 지난 2월 말에 특종을 터트린다. 다름 아닌 김재호 판사가 나경원을 비방하는 글을 올린 네티즌을 기소해달라고 청탁을 했다는 것이다. 당시 김 판사로부터 직접 청탁 전화를 받은 박은정 검사가 양심선언을 한 것이다. 나경원은 기자회견을 열어 기소 청탁은 없었다고 주장했지만, 김재호 판사가 박은정 검사에게 전화를 한 적이 있느냐는 기자들의 질문에는 답변을 회피했다. 하지만 박은정 검사가 김재호 판사로부터 기소 청탁을 받았음을 공개 시인하고 검사직 사의를 표명하면서 여론은 나경원과 김재호 판사에 대한 비난으로 들끓었다. 물론 단기간의 수사 끝에 나경원과 김재호 판사는 (전화는 했지만, 청탁은 입증할 수 없다?!는 모호한 이유로) 무혐의 처분을 받았지만 말이다.

나는 이것이 우리나라 법조계의 문제점이 아주 잘 드러난 사건이라고 본다. 솔직히 말하면 나경원이나 김재호 판사가 거짓말을 했다고 생각하지는 않는다. 다만 박은정 검사가 '기소 청탁'을 받았다고 생각한 것과는 달리, 김재호 판사는 자신이 '기소 청탁'

을 했다고 생각하지 않았을 뿐이다. 대체 무슨 말이냐고?

이 책의 2장에서 살펴보겠지만, 우리나라 고위 법조인들은 대부분 학벌, 인맥, 가족관계 등으로 끈끈하게 얽힌 거대하고 친밀한 공동체를 형성하고 있고, 고위 법조인들은 다들 '아는 사람'이다. 더구나 같은 지역의 법원과 검찰청에서 근무하는 판사와 검사들 역시 서로 안면을 트고 인사 정도는 하고 지낼 뿐만 아니라 (때로는 밥도 같이 먹는) 가까운 사이인 경우가 많다. 따라서 김재호 판사 역시 박은정 검사를 법조계의 일원인 '우리 식구'이자, 같은 지역의 법원과 검찰청(서울서부지방법원과 서울서부지방검찰청)에서 근무하면서 얼굴을 익힌 '가까운 사람'이라고 생각했을 가능성이 높다.

이건 어디까지나 나의 상상일 뿐이지만, 김재호 판사는 아내의 사건이 박은정 검사에게 배당된 사실을 알고, 친하게 지내는 '아는 사람'에게 연락하듯 박 검사에게 전화를 했을 것이다. "아내 사건이 있는데, 한번 살펴봐주세요."1) 김재호 판사 입장

---

1) 물론 언론 보도에 따르면, 김재호 판사는 "나 의원이 고소한 사건이 있는데 노사모 회원인 것 같다. 말도 안 되는 허위 사실로 인터넷에 글을 올려서 도저히 참을 수가 없다. 사건을 빨리 기소해달라. 기소만 해주면 내가 어디서 "피고 말했디 한다. 김재호 판사와 박은정 검사 사이에 구체적으로 어떤 대화가 오갔는지는 알 수 없지만, 어쨌든 김재호 판사 입장에서는 이 정도의 대화가 '기소 청탁'이라고 생각하지는 않았을 개연성이 높다.

에서는 그저 '아는 사람'이자 '같은 지역 동료'에게 사건 얘기를 한 것에 불과하다고, 법조계에서 흔히 있는 관행에 불과하다고, 자신은 박은정 검사에게 어떠한 압력도 행사하지 않았다고 생각했을 것이다.

만약 박은정 검사가 남자이거나 김재호 판사와 연수원 동기이거나 같은 대학 같은 과 출신이었다면, 이야기는 전혀 다르게 흘러갔을 것이다. 남성 법조인의 경우에는 아무래도 연수원(때로는 법무관 시절도 포함)과 법조계를 거치면서 접대문화 등을 함께 경험하고 학연, 지연 등으로 얽혀 여성 법조인들보다 훨씬 강한 친밀감이 형성되어 있는 경우가 많다. 그래서 "한번 살펴봐주세요" 같은 청탁성 발언도 그저 일상적인 대화 정도로 생각하기 십상이다. 게다가 사법연수원 동기라면 고3 시절 비슷한 사법연수원 생활을 2년 동안 함께한 친근하고 끈끈한 관계라 이러한 청탁성 발언이 전혀 어색하지 않으며, 듣는 사람도 외압으로 느끼지 않았을 것이다. 수년간 같이 대학을 다닌 동기거나 선후배인 법조인이라면 역시 '우리 식구'나 다름없으니, 간단한 청탁성 대화쯤은 대수롭지 않은 일로 받아들일 터다.

하지만 박은정 검사는 여자였고, 연수원 입소로 보아도 김재호 판사보다 여덟 기수나 아래인 까마득한 법조계 후배였으며,

김 판사와 같은 대학 출신도 아니었다. 당연히 김재호 판사의 전화는 기수가 한참 위인 고위 법조인의 기소 압력으로 느껴졌을 것이다. 실제로 박은정 검사가 출산휴가를 간 이후 다른 검사가 이 네티즌을 기소했다. 마땅히 기소해야 할 사안이었는지 여부는 알 수 없으나, 적어도 '기소 청탁'은 있었다고 생각할 만한 사안이다. 그래서 박은정 검사는 기소 청탁을 받았다고 말한다. 이것이 내가 상상하는 이 사건의 스토리다.

(기소 청탁을 하지 않았다고 주장하는) 김재호 판사 본인 또는 부인 나경원, 그리고 김 판사에게 혐의가 없다고 판단한 검사의 생각은 우리나라 대다수 고위 법조인, 특히 서울대 법대 출신이거나 남자라면 너무나 자연스럽게 공유하는 바다. 반면 (기소 청탁을 받았다는) 박은정 검사의 생각에 대다수 국민은 당연히 동의하고 공감할 것이다. "어떻게 판사가 검사에게 전화를 걸어 안사람 사건에 관하여 기소를 해달라고 압력을 행사할 수 있느냐?"라고 분노하며 항의하는 국민들과는 달리, 많은 법조인들은 "아니, 아는 사이에 전화 한번 해서 사건에 대해 얘기할 수도 있지. 그게 무슨 압력이고 기소 청탁이냐" 정도로 생각하고 만다는 얘기다.

이 사건을 통해서 많은 국민들은 사법부가 비리의 온상이고 부패했으며, 고위층의 청탁과 압력이 만연한 부조리한 곳이라는 확신을 굳히게 된다. 하지만 많은 법조인들은 이런 문제 제기에 동의하지 않으며, 따라서 문제는 훨씬 복잡하다. 2장에서 자세히 살펴보겠지만, 우리나라 사법부는 실상 '비리'와 '부패'의 온상이라기보다는 '아는 사람'들의 집단이다. 법조인들이 서로 청탁과 압력을 행사하는 집단이라기보다는 그저 '인사' 정도 하고 가볍게 '사건 얘기'를 하는 게 전혀 어색하지 않은 친밀한 사람들의 조직이란 얘기다. 과연 이런 '인사'나 '사건 얘기'가 실체적 진실이나 법조 정의의 실현에 어떤 영향을 미치는지는 정확히 가늠하기 어렵다. 문제는 법조인들이 이런 식으로 영향력을 행사하는 것에 대다수 국민들이 분노하고 결국 사법 불신에 이르렀는데도 많은 법조인들은 이런 사실을 제대로 인식하지 못하고 반성하지도 않는다는 점이다. 법조인들의 인식과 현실의 부조화에 대해서는 4장에서 좀 더 자세히 살펴보려 한다.

실제로 이 사건에서 나경원을 비방한 네티즌은 결국 기소되었고 (사안에 비해 다소 과중하게 여겨지는 벌금 700만 원의) 형사처벌을 받았다. 과연 법조인들 사이에 오고가는 '인사'와 '사건 얘기'가 그저 '아는 사이'에 주고받는 일상의 대화에 불과한지, 아니면 사법 정의를 훼손하는 권력 남용인지 여부는 법조인들이 판단할 문제가 아니다. 사건 당사자인 국민들이 이런 관행을 어떻게 이해하고 받아들이는지가 더 중요하다. 국민들은 지금 분노하면서 지금 우리나라 법조계가 정의로운지 따져 묻고 있는 것이다.

정봉주의 유죄 판결은 정당한가

 작년 말 엄청나게 화제가 되었던 정봉주 전 의원의 BBK 의혹 제기에 관한 공직선거법 유죄판결을 이야기해보자. 지난 2011년은 나꼼수의 해라고 불러도 과언이 아니다. 해적방송처럼 시작한 팟캐스트 '나는 꼼수다'(이하 나꼼수)는 현 정권에 대한 국민들의 불만과 맞물려 엄청난 호응을 불러일으켰고, 전 세계 시사 팟캐스트 가운데 수차례 청취율 1위에 오를 정도로 선풍적인 인기를 끌었다. 나꼼수는 줄기차게 이명박 대통령의 각종 비리 의혹을 파헤치며 큰 인기를 얻었는데, 진행자 중 한 사람인 정봉주 전 의원이 이명박 대통령의 BBK 관련 의혹 제기로 인하여 공직선거법 위반(허위사실공표죄)으로 징역 1년 판결을 받아 감옥에 갇히면서 더욱 극적인 효과를 낳았다.

그러자 나꼼수를 애청하고 정봉주를 응원하던 많은 국민들은 흥분했고, 재판에 관여한 판사들의 실명[2]을 거론하며 비난을 퍼부었다. 2007년 대통령 선거 당시 이명박 대통령의 BBK 관련 의혹을 제기한 사람은 비단 정봉주뿐만이 아니었다. 한나라당의 대선 후보 자리를 놓고 이명박 대통령과 경쟁하던 박근혜 의원, 그리고 여러 민주당 의원들도 의혹을 제기한 바 있다. 하지만, 박근혜 의원은 기소되지도 않았고[3], 기소된 민주당 의원들 중에서도 실형을 선고받은 사람은 없었다. BBK 사건과 관련하여 의혹을 제기한 사람 중 오로지 정봉주만이 만 3년이 넘는 재판 끝에 징역 1년의 실형을 선고받고 감옥에 간 것이다. 그것도 나꼼수를 통해 반한나라당 세력의 중심이자 유력한 총선 후보로 떠오르고 있던 기가 막힌 타이밍에 말이다.

---

[2] 정봉주 2심 판결의 재판장은 영화 〈부러진 화살〉의 소재가 되었던 석궁 사건의 피해자인 박홍우 판사였다. 이 역시 매우 아이러니한 일이다.

[3] "BBK는 100퍼센트 이명박 소유"라고 정봉주와 같은 내용의 발언을 했던 박근혜 의원은 검찰 조사조차 받지 않고 2012년 8월에야 "언론보도를 인용한 것으로 명예훼손의 의도가 없다"는 석연치 않은 이유로 불기소처분을 받았다.

정봉주에 대한 유죄판결은 과연 정당하고 공정한 판결일까? 나는 작년 말에 정봉주의 구속수감 보도를 보면서, 그가 정말로 징역 1년의 실형을 선고받을 만큼 중대한 범죄를 저지른 것일까 궁금해졌다. 판결문을 제대로 읽기 전에 섣불리 비판하기는 어렵다는 생각이 들어서 관련 판결문을 1심에서 3심까지 구해서 꼼꼼히 읽어보았다. (처음에 판결문을 찾기 어려워 좀 고생했는데, 나중에 알고 보니 법률정보사이트인 로앤비(www.lawnb.com)에서 전부 구할 수 있었다. 참고로 정봉주 공직선거법 위반의 사건 번호는 서울중앙지방법원 2008고합198, 서울고등법원 2008노1607, 대법원 2009도14442이다.)

1, 2, 3심 모두 합하면 80페이지가 훌쩍 넘어가는 방대한 판결문을 읽는 데 꼬박 이틀이 걸렸다. 판결문 내용은 아주 흥미진진했다. BBK 사건, 이명박 대통령과 김경준의 관계, 여러 국회의원들과 정치인들의 문제 제기, 대통령 선거 전후의 급박한 상황과 특별검사의 수사 발표까지, 한 편의 드라마가 따로 없었다. 그런데 판결문을 전부 읽고 나니 한마디로 황당하고 어이가 없었다. 우리나라 법원이 과연 공정하고 정치적 중립을 지키는 기관인지 의문이 들었다고 하면 비약일까.

우선 정봉주를 유죄로 인정한 법조문을 살펴보자. 이 사건에 적용된 법은 공직선거법 제250조 제2항이다[4]. 조문은 다음과 같다.

당선되지 못하게 할 목적으로 연설·방송·신문·통신·잡지·벽보·선전문서 기타의 방법으로 후보자에게 불리하도록 후보자, 그의 배우자 또는 직계존·비속이나 형제자매에 관하여 허위의 사실을 공표하거나 공표하게 한 자와 허위의 사실을 게재한 선전문서를 배포할 목적으로 소지한 자는 7년 이하의 징역 또는 500만 원 이상 3000만 원 이하의 벌금에 처한다.

즉 허위사실공표죄로 처벌되려면, 공직선거 후보자가 당선되지 못하게 할 목적으로 '허위의 사실'을 공표하여야 한다. 대법원 판례(대법원 2007. 3. 15. 선고 2006도8368 판결. 이와 다른 사건에 대한 대법원 판결이다)에 따르면, "허위사실공표죄에서 말하는 '사실의 공표'란 가치판단이나 평가를 내용으로 하는 의견

---

[4] 한편 정봉주는 공직선거법상 허위사실공표죄 외에도 형법상 명예훼손죄와 구 정보통신망 이용촉진 및 정보보호 등에 관한 법률상의 명예훼손죄로도 기소되었지만, 이명박 대통령이 처벌을 원하지 않아서 이 부분은 공소기각이 되었다. 명예훼손죄는 반의사불벌죄로 피해자가 처벌을 원치 않을 경우에는 공소기각이 되지만, 허위사실공표죄는 그렇지 않다.

표현에 대치되는 개념으로서 시간과 공간적으로 구체적인 과거 또는 현재의 사실관계에 대한 보고 또는 진술을 의미하는 것이며, 그 표현 내용이 증거에 의한 입증이 가능한 것을 말한다". 그런데 이 사건에서 허위사실공표죄로 인정된 범죄 사실을 보면, 과연 정봉주의 발언이 허위사실공표죄로 처벌될 만한 사안인지 의아할 정도다. 정봉주의 발언 내용은 '사실관계에 대한 보고 또는 진술'이라기보다는 의견 제시에 가까우며, 지극히 합리적이고 상식적인 수준의 공직후보자에 대한 문제 제기 또는 의혹 제기였고, 게다가 자신의 주장을 뒷받침할 만한 충분한 증거들을 제시하고 있었다. 판결에서 유죄로 인정된 정봉주의 발언 내용은 총 네 개인데, 이것이 과연 허위사실공표죄로 처벌될 만한 발언인지 하나씩 꼼꼼히 살펴보겠다.

● (1번 발언) 박수종 변호사(김경준의 주가조작 사건을 변호하다가 사임한 변호사)의 사임 이유에 대한 추측성 진술: (……) 피고인(정봉주)은 (……) 2007. 11. 20.경 인터넷 언론인 '데일리서프라이즈'의 김재훈 기자와 전화로 인터뷰하면서, "박 변호사가 본인이 자료를 확인한 후 이명박 후보가 기소될 수 있는 위중한 사안이라고 판단한 것 같다. 박 변호

사는 이명박 후보가 다칠 것으로 예상했던 것 같다. 일등 하던 사람이 3등이 되거나 구속이 되는 상황까지 고려한 것 같다"라고 말하고, 피고인의 위와 같은 발언은 같은 날 데일리서프라이즈에 보도되었다. (1심 판결문에서 발췌)

정봉주의 이 발언이 과연 '허위'이고 '사실의 공표'라고 볼 수 있을까? 허위사실공표죄로 처벌하려면, 적어도 증거를 통해 '허위 여부'를 입증할 수 있는 '사실'에 해당해야 할 텐데, 정봉주의 위 발언은 아무리 봐도 '추측'과 '의견'으로 읽힐 뿐이다.

그런데 법원은 "이로써 피고인은 마치 이명박 후보자가 BBK 사건으로 구속 또는 기소될 만한 자료를 박수종 변호사가 확인하고 이명박 후보자가 구속 또는 기소될 것으로 판단하여 김경준의 변호사를 사임한 것으로 발언하여, 간접적, 우회적 방법으로 이명박 후보자가 김경준과 공모하여 주가조작 및 횡령을 하였고, 구속 또는 기소될 수 있다는 사실을 암시함으로써" 허위사실공표죄를 저질렀다고 판단하고 있다. 그런데 과연 '허위 사실'을 간접적·우회적으로 암시할 수 있는 추측성 발언만으로 허위사실공표죄를 인정해도 되는 것인가? 죄형법정주의 원칙에 따라 범죄 사실을 인정하려면 명백히 범죄의 구성 요건을 갖추어야 하는데, 법원이 상상력을 발휘하여 이런 정도의 추측성 발언까지 허위사실공표죄로 처벌한 것은 너무나 부당하다.

- (2번 발언) 김백준(이명박의 측근)의 워튼 금전 거래 관련 허위 사실 공표: (……) 피고인(정봉주)은 2007. 11. 29. 서울중앙지방검찰청 기자실에서 "김백준은 2001. 5. 3. 삼성증권에서 98억 8,937만 9,095원을 신한은행 300-12-756425 개인 계좌로 받아 같은 날 바로 김경준의 주가조작 범행에 동원된 페이퍼컴퍼니인 워튼에 98억 8,950만원을 빌려주었다. 이 돈은 2001. 5. 28. EBK증권중개의 외환은행 계좌로 고스란히 입금된다. 이명박 후보가 김경준과 결별했다고 밝힌 2001. 4. 이후에 김백준 씨가 주가조작 계좌에 송금한 점에 비추어 이명박 후보의 '결별 선언'은 거짓이고, 이 후보가 주가조작 및 횡령에 동원된 페이퍼컴퍼니의 존재를 몰랐다는 주장도 허위임이 밝혀졌다"라고 기자회견을 하고, 피고인의 위와 같은 발언은 각종 신문과 라디오 등에 보도되었다. (1심 판결문에서 발췌)

2번 발언은 우선 이명박 대통령 측근 명의 계좌로 김경준의 주가조작 범행에 관련된 돈이 입금되고 출금된 사실에 대한 주장으로, '사실관계의 진술'에는 해당하는 것으로 보인다. 그런데 이 진술 내용이 허위이고, 정봉주가 이 발언을 할 때 자신의 진술이 '허위'라는 사실을 알고 있었는지 여부는 또 다른 문제이다. 허위사실공표죄의 경우 구성 요건에 '허위인 사실' 공표가 들어 있기 때문에, 피고인이 범죄를 저지를 당시에 자신의 진술 내용이 '허위'임을 몰랐다면 범죄의 고의가 없어 범죄가 성립할 수 없기 때문이다.

그런데 1심 판결문을 보면, 정봉주의 당시 보좌관인 여준성은 위 신한은행 계좌(신한 300-12-756425)와 옵셔널벤처스 계좌 사이에 거액의 입출금 거래가 있는 것을 주목하여 예금주를 확인해보기로 했고, 인터넷뱅킹 이체만으로는 예금주를 확인할 수 없자 신한은행 법조타운 지점을 직접 찾아가 신한은행 계좌의 예금주가 '김백준'이 맞느냐고 묻자 은행 여직원이 맞다고 대답했다는 정봉주의 주장이 나온다. 나중에 밝혀진 바 이 계좌는 김백준 개인 명의가 아니라 '김백준(이비케이증권중개)'이라는 법인 명의였고, 신한은행 법조타운지점은 위 계좌의 예금수가 조회된 바 없다고 회신하였다. 물론 이는 정봉주가 기소된

다음 검찰의 수사 결과에 따라 밝혀진 사실이다.

과연 BBK에 대한 사실이 모두 명백하게 밝혀지고 이명박 대통령과 BBK의 관계 역시 깨끗하게 입증되었다고 볼 수 있을까? 이명박 대통령의 임기가 끝나가는 지금까지도 BBK 사건은 여러 의혹을 낳고 있으며 현재진행형이다. 심지어 소위 보수 인사라고 하는 이상돈 중앙대 법대 교수나 원희룡 새누리당 의원까지도 여전히 "BBK, 결국 심판대에 설 것"이라고 말하거나, "BBK 재수사가 불가피하다"라고 말하는 상황 아닌가.

그런데 이명박 후보가 출마한 대선을 코앞에 둔 상태에서, 야당 국회의원이 BBK 관련 의혹을 밝히기 위해 주가조작 범행에 동원된 계좌에 거액을 송금한 계좌의 명의인을 찾아보고, 계좌가 "이명박의 측근(김백준) 명의"로 되어 있다는 은행 직원의 말을 믿고 이를 폭로한 경우, 과연 자신의 발언 내용이 '허위 사실'임을 인식하고 있었다고 볼 수 있을까? 오히려 현재까지 의혹이 끊이지 않는 BBK와 이명박 대통령의 관계에 대해 합리적인 의심을 거둘 수 없지 않겠는가. 그런데도 법원은 정봉주 전 의원이 자신의 발언이 '허위'임을 알았다고 판단하고 있다. 아무리 보아도 합리적인 판단이라고 하기 어렵다.

- (3번 발언) 김백준의 BBK 관련 허위 사실 공표: 피고인 (정봉주)은 2001. 12. 3. 서울 영등포구 여의도동 소재 국회 정론관에서 "이명박 후보가 2001. 4. 18. 김경준과 결별하였다고 하였으나 2001. 7. 23. LKe 뱅크와 BBK 사무실의 원상회복 비용을 지출한 세금계산서와 신도리코 중부지점이 발행한 2001. 7. 21.자 세금계산서에는 이명박이 LKe 뱅크의 대표이사로 기재되어 있는 등 2001. 4. 18. 이후에도 LKe뱅크의 대표이사로 활동하였으므로 김경준과 위장 결별하였고, 사업 관계를 청산하였다는 이명박 후보의 주장은 100퍼센트 거짓말이다. 이명박 후보의 최측근 김백준은 BBK 부회장으로 월급까지 받았고, BBK 부회장으로 교보생명 사장 취임 축하 화환을 보냈으며, BBK의 리스크매니저로 등재되는 등 BBK와 무관하지 않음을 알 수 있다. 김백준은 이명박 후보가 김경준을 못 믿어 결별했다는 2001. 4. 18. 이후 주가조작 및 횡령의 창구였던 워튼스트레티지스에 100억 원을 빌려주었고 임대차계약을 체결하였다"라고 기자회견을 개최하고, 피고인의 위와 같은 발언은 각종 신문, 다니오 등에 보도되었다. (1심 판결문에서 발췌)

자, 정봉주의 3번 발언은 사실인가 허위인가. 우선 2001년 7월 23일자 세금계산서와 2001년 7월 21일자 세금계산서에 이명박이 대표이사로 기재된 세금계산서가 발행된 점(세금계산서 확인), 이명박 후보의 측근인 김백준 명의로 교보생명 사장 권경현의 취임 축하 화환이 발송된 점(경조화주문의뢰서 확인), 김백준이 BBK의 부회장으로 월급을 받았다고 기재된 급여내역서가 존재하는 점(의료보험, 국민연금, 투자자문회사의 현황 보고서 등 확인), 2001년 4월 25일 워튼 스트레티지스 임대차계약서에 김백준 명의가 들어가 있는 점(임대차계약서 확인), 이명박이 LKe 대표이사직을 사임했다고 주장한 2001년 4월 18일 이후에도 사업자등록증의 대표이사는 여전히 이명박이 명의로 남아 있었던 점 등은 명백한 사실이고, 이는 판결문에서도 인정하고 있는 바이다.

문제는 법원의 판결문에 따르면, 나중에 알고 봤더니, 이명박은 이미 대표이사직에서 물러났고 다만 사업자등록증의 대표이사 명의만 안 바꿨을 뿐이었다. 문제가 된 세금계산서는 김경준이 멋대로 발행했고, 교보생명 사장 취임 축하 화환도 김경준이 김백준 명의로 보낸 것이었다. 또 김백준은 BBK로부터 월급을 받은 적도 없는데 단지 서류가 허위 작성되었을 뿐이고,

임대차계약서도 김경준이 멋대로 작성했다는 얘기다. 법원의 판단에 따르면, 김경준은 뻔뻔하고 주도면밀한, 정말 희대의 사기꾼임이 분명하다. 그런데 도대체 어떤 실익이 있기에 김경준은 이명박과 (이명박 측근인) 김백준의 명의를 마구 도용했단 말인가, 의문이 들 수밖에 없다.

하지만, 합리적인 사람이라면, 이명박 명의의 세금계산서, 김백준 명의의 경조화주문의뢰서, 김백준에게 급여가 지급된 사실이 나타난 의료보험, 국민연금, 투자자문회사의 현황 보고서, 김백준 명의의 임대차계약서, 그리고 이명박 대통령의 그 유명한 광운대 발언("BBK를 설립했습니다"라는 내용, 이 발언도 판결문에 짧게나마 언급되어 있다) 등을 보고, 이명박 대통령과 BBK의 관계가 2001년 4월 18일 이후에도 유지되고 있었다고 생각하는 것이 오히려 정상 아닌가? 도대체 누가 저 수많은 서류와 증거들이 전부 김경준에 의하여 위조 또는 명의 도용된 것이라고 생각하겠는가? 정봉주의 발언은 합리적인 사람이라면 누구나 인정할 만한 명백하고 객관적인 증거에 기반한 주장으로, 허위가 아니거나 설사 나중에 허위로 밝혀졌다 하더라도 발언 당시에 정봉주는 허위임을 몰랐다고 보아야 한다. 그런데도 법원은 발언 이후에 밝혀진 사실들을 근거로 정봉주가 허위임을 알았다고 판단했다. 도무지 납득이 안 가는 판단이다.

● (4번 발언) 김경준 작성 메모 관련 허위 사실 공표: 피고인(정봉주)은 2007. 12. 12.경 국회에서 개최된 대통합민주신당 현안 브리핑에서 기자들에게 "김경준의 자필 메모(메모 B, BBK는 100퍼센트 이명박의 소유라는 취지의 메모임)를 숨겼는지, 아니면 노출시키지 않았는지. 검찰이 BBK는 100퍼센트 김경준 것이라면서 내놓은 자료(메모 A, BBK는 100퍼센트 김경준 것이라는 취지의 메모임)는 BBK B.V.I.가 BBK를 100퍼센트 소유하고 있다고 설명하고 있다. 그럼 BBK B.K.I.는 누구 것인가? 여기 어디에 김경준이 100퍼센트 소유하고 있다고 나오나? 김경준이 100퍼센트 갖고 있다는 것은 아무 데도 안 나와 있다. 이것은(메모 B) 검찰이 공개를 안 한 것이다. BBK B.K.I. 위에 LKe가 있는데, LKe의 대표이사는 이명박이므로 이명박이 BBK를 100퍼센트 갖고 있는 것이다. 검찰은 수사 결과 발표하면서 이명박이나 검찰에게 유리한 자료만 공개했다. 이 자료(메모 B)를 다 공개하면 BBK는 적어도 이명박, LK가 지주회사로서 100퍼센트 소유하고 있기 때문에 이것은 이명박 것이다. 왜 이 자료(메

모 B)는 공개하지 않나?"라고 말하고, 피고인의 위와 같은 발언은 연합뉴스 등에 보도되었다. (1심 판결문에서 발췌)

정봉주의 4번 발언은 이명박 후보에게 불리한 증거를 공개하지 않은 검찰을 비판하는 내용인데, 이러한 발언을 "허위 사실"의 유포라고 본 법원의 판단도 쉽게 납득이 가지 않는다. 법원은 위 발언에 대하여 "간접적, 우회적 방법으로 이명박 후보가 BBK를 소유하여 BBK와 관련된 주가조작 및 횡령 등의 범죄에 개입되어 있다는 사실을 암시"하였다고 보아 허위사실유포죄를 인정하고 있다.

그런데 주목할 것은, 정봉주는 위 1~4번 발언 가운데 한번도 "이명박 대통령과 BBK 주가조작 및 횡령 등의 범죄와의 관련성"을 언급한 적이 없다는 것이다. 정봉주가 알아낸 증거만으로는 "이명박 대통령과 BBK의 연관성" 정도는 찾을 수 있지만, "이명박 대통령과 BBK 주가조작 및 횡령 등의 범죄와의 연관성"은 드러나지 않는다. 정봉주도 이러한 점을 잘 알고 있기 때문에, 자신이 객관적으로 확보한 증거에 기반해서 상당히 신중하게 발언한 것이나. 그러나 법원은 놀랄세도 상상력을 발휘하여 "이명박이 BBK와 관련된 주가조작 및 횡령 등의 범죄에 개입되어 있다는 사실을 암시"하고 있다고 정봉주의 발언을 해석하고 있다. 법원이 피해자인 이명박 대통령에게 감정이입되었다는 의심이 강하게 드는 대목이다.

  2심 판결은 사실 판단이라는 측면에서는 1심과 대동소이한데, 특히 정봉주가 자신의 발언 내용이 허위라고 적어도 미필적으로나마 고의가 있었다고 인정했다면서, 그 근거로 "김경준을 직접 만나서 확인을 하지 않았고" 나경원 전 의원이 이미 그 점을 해명했거나 한나라당에서 반박 보도자료를 냈다는 점을 들었다. 아니 이게 뭔가? 미국으로 도피했다가 잡혀서 대통령 선거 한 달 전에 송환되어 감옥에 갇힌 공범 김경준을 면회 가서 사실 여부를 확인받았어야 한다고? 김경준을 면회해서 사실 확인을 하지 않았기 때문에 진술이 허위라는 법원의 판단은 전혀 논리적이지 않다. 또한 자기당 소속 대통령 후보를 옹호하는 한나라당 의원들의 해명을 그냥 믿어야 한다는 말인가. 나경원은 그 유명한 (대한민국에서 초등교육이라도 받았다면 도무지 주장하기 힘들 것 같은) "이명박 후보자의 BBK를 설립했다는 말에는 주어가 없으므로 자기가 설립했다는 뜻이 아니다"라는 황당한 주장까지 펼친 사람이 아닌가. 상식적으로 생각해도 납득이 안 가는 판단이다.

2심 판결 중에 내가 특히 주목했던 부분이 있다. 법원은 정봉주가 자기 주장을 진실이라고 믿은 데 상당한 이유가 없다고 판단하면서 그 근거로 다음과 같은 점을 든다.

- 특정한 공직 후보자의 범죄 혐의 등과 관련한 의혹의 제기는 원칙적으로 수사 및 재판의 책임과 권한을 부여받은 공적 기관의 보완적 역할에 그쳐야 하고, 공적 기관의 판단은 우선적으로 존중되어야 할 것(2심 판결문 32면)

한마디로, 검찰이 이명박 대통령을 수사하고 발표할 때까지 다른 사람은 감히 나서지 말고 검찰이 수사한 결과를 믿으라는 것이다. 우리나라 검찰이 그렇게 신뢰할 만하고 정치적 중립을 지키는 기관이었나? 대통령 선거를 불과 한 달 앞두고, 범죄를 저질렀다는 여러 의혹에 휩싸인 후보가 대통령이 될지도 모르는 판국에(게다가 특검의 수사 결과는 대통령 선거 두 달 뒤에 나왔다) 모든 것을 검찰에 맡겨두고 의혹 제기조차 하면 안 된다는 말인가? 국가기관의 오만함과 권위 의식을 노골적으로 드러내는 것 같아서 씁쓸하다. 법원이 결국 하고 싶은 말은 무엇이었을까? 정권과 실세에 함부로 대항하지 말라는 것일까? 우리나라 법원이 종종 보여주는 국가와 권력 중심의 권위적인 가치관이 여실히 드러나는 판결문이다.

정봉주에게 내려진 징역 1년이라는 가혹한 형량도 납득이 가지 않는다. 1심 법원(2심과 3심에서는 양형에 대해서는 판단하지 않았다)은 양형 이유로 "이명박 후보자 본인의 개인적인 인격권은 물론 유권자들의 공정한 판단에 영향을 끼치는 정도가 중대"하고 정봉주가 제시한 소명 자료가 "해명이나 반대 증거의 내용과 비교하여 볼 때 신빙성이 현저히 떨어지거나 근거가 박약한 것이고, 확인 절차를 소홀히 하였다"는 점을 들고 있다. 그러나 대통령 선거에서 윤리적·법적 문제가 있는 후보가 당선이 유력한 상황의 심각성과 긴급성, 지금까지도 모두 납득할 만큼 명백하게 해명되지 않은 BBK 사건의 전모, 누구든지 의혹을 제기하기에 충분할 만큼 다양하고 객관적인 증거들(세금계산서, 명함, 광운대 발언, 김경준의 자필 메모 등)은 모두 어쩌란 말인가? 당시 상황이나 증거들을 보면 설사 나중에 정봉주의 발언이 사실과 다르다는 점이 밝혀졌다 하더라도, 의혹 제기 자체는 정당했다고 평가할 만한데도 징역 1년의 중형을 선고한 것은 정권 눈치보기 판결이라고밖에 달리 평가할 수가 없다. 게다가 BBK 관련 의혹 제기에도 불구하고 이명박 후보는 압도적인 표

차로 대통령에 당선되지 않았는가. 도대체 정봉주의 발언이 이명박 후보의 인격권과 유권자들의 판단에 어떠한 중대한 영향을 미쳤다는 것인지 어이가 없을 따름이다.

정봉주 판결문을 모두 읽고 나니 씁쓸함이 밀려왔고 "판사들은 나중에 누군가 이 판결문을 꼼꼼하게 읽고 문제를 제기할 것이라고 생각했을까?" 하는 생각이 떠올랐다. 우리나라 법원의 판결문은 하급심의 경우에는 극히 일부만이 공개되고, 사건 당사자가 아닌 다음에야 온갖 법률 용어로 범벅이 된 판결문을 읽어보는 일은 좀처럼 없다. 중요한 법적 쟁점이 문제가 된 대법원 판결이야 교수들이나 학생들도 읽어보지만, 하급심 판결문을 이렇게 속속들이 들여다보는 경우는 극히 드물 것이다. 어찌 보면 바로 그렇기 때문에 1, 2심 판결문에는 아주 솔직한 판사들의 생각이 드러나 있는지도 모르겠다. 함부로 정권이나 실세에 까불지 말라는 법원의 권위적인 태도 말이다. 하지만, 평범한 사람 입장에서, 합리적으로 해석하려고 해도, 판결문의 내용과 결론이 도무지 납득도 이해도 가지 않는다. 이런 판결을 접하고 나면, 대한민국의 법원은 과연 정치적 중립을 지키며 공정한 결론을 내리는가라는 의구심에서 헤어나기 어렵다.

삼성을
건드릴 수 있는자

● 삼성그룹 비서실장인 이학수가, 전현직 고위 검찰 간부에게 수천만 원에서 수억 원에 이르는 거금을 소위 '떡값' 명목으로 상납하고 있다고 중앙일보사 사주인 홍석현 회장에게 이야기하는 내용을 안기부가 불법 도청했다. MBC 기자 이상호는 전 안기부 직원의 제보를 통해 도청 테이프를 입수했고, MBC는 처음에는 보도를 막았지만 결국 2005년 7월 22일 MBC 뉴스데스크에서 안기부 X파일 사건을 집중 보도한다. 내용은 삼성그룹이 홍석현 당시 중앙일보 사장을 통해 97년 대선에서 약 100억 원의 대선자금을 제공하였으

며, 전현직 검사들에게 수천 만 원에서 수억원에 달하는 떡
값을 전달했다는 내용이었다[5]. 당시 노회찬 의원은 2005년

---

[5] '떡값 관련 홍석현 회장과 이학수 비서실장의 대화내용'
홍: 아 그리고 추석에는 뭐 좀 인사를 하세요?
이: 할 만한 데는 해야죠.
홍: 검찰은 내가 좀 하고 싶어요. K1들도. 검사 안 하시는 데는 합니까?
이: 아마 중복되는 사람들도 있을 거예요.
홍: 김**도 좀 했으면······
이: 예산을 세워주시면 보내드릴게요.
홍: 정** 정 상무, 상무가 아니라 뭐라고 부릅니까?
이: 전무대우 고문이지요. 정 고문. 그 양반이 안을 낸 것을 보니까 상당히 광범위하게 냈던데, 중복되는 부분은 어떻게 하지요? 중복돼도 그냥 할랍니까?
홍: 뭐 할 필요 없지요. 중복되면 할 필요 없어요······ 갑자기 생각난 게 목요일날 김두희(전 법무부장관)하고 상희(당시 대검수사기획관) 있잖아요.
이: (리스트에) 들어 있어요.
홍: 김상희 들어 있어요? 그럼 김상희는 조금만 해서 성의로써, 조금 주시면 엑스트라로 하고······ 그 담에 이**는 그렇게 줬고, 김두희 전 총장은 한 둘 정도는 줘야 될 거예요. 김두희는 2000 정도. 김상희는 거기 들어 있으면 500 정도 주시면은 같이 만나거든요······ 석조(홍석조, 당시 서울지검 형사6부장)한테 한 2000 정도 줘서 아주 주니어들, 회장께서 전에 지시하신 거니까. 작년에 3000 했는데, 올해는 2000만 하죠. 우리 이름 모르는 애들 좀 주라고 하고, 그다음 생각한 게 최경원(당시 법무부차관).
이: 들어 있어요.
홍: 들어 있으면 놔두세요. 한부환(당시 서울고검 차장검사)도 들어 있을 거고, 이번에 제2차장 된 부산에서 올라온 내 1년 선배인 서울 온 2차장(김진환 당시 서울지검장). 연말에나 하고, 지검장은 들어 있을 테니까 연말에 또 하고, 석조하고 주니어들하고. 김상희 들어 있더라도 내가 만나니까 500 정도 따로 엑스트라로. 혹시 안 들어간 사람 있을 테니까, 홍석조하고 만들어 있는 게 있을 수 있으니까. 합치면 4500이니까 5000으로. 최경원, 한부환하고 제2차장 들어 있으면 빼고. 안 들어 있으면 그렇게 나름대로 하고······

8월 18일 국회의원회관에서 "삼성 명절 때마다 검사들에게 떡값 돌려, X파일에 등장하는 떡값 검사 7인 실명 공개"라는 제목 아래 도청 자료에 담겨 있던 대화 내용과 삼성으로부터 떡값을 받았다고 거론된 검사들의 실명이 게재된 보도자료를 기자들에게 배포하고 자신의 홈페이지에 올렸다.

소위 '안기부 X파일'로 유명한 이 사건은 과연 어떻게 끝났을까? 6년이 지난 지금, 검찰 간부들에게 비자금을 제공했던 삼성그룹의 이학수 비서실장은 수뢰 혐의로 수사조차 받지 않았을뿐더러 영예롭게 퇴직하여 삼성 계열사의 고문으로 재직하고 있으며, 한 주간지의 보도에 따르면 자신과 가족 명의로 시가 2000억 원 상당의 빌딩을 소유하고 있을 정도로 천문학적인 부를 누리고 있다. 한편, 이 사안을 폭로한 노회찬 의원은 다음 18대 국회의원 선거에서 낙선하였으며, 명예훼손 및 통신비밀보호법 위반으로 기소되어 오랜 법정 투쟁 끝에 2011년 10월 28일 파기환송심(서울중앙지방법원 2011노1583)에서 징역 4월(집행유예 1년) 및 자격정지 1년을 선고받았다. 노회찬 의원은 19대 국회의원 선거에서 당선되었지만 의원직을 박탈당할 위기에

처해 있는 실정이다.[6]

 정의 관념에 정면으로 반하는 너무나 불합리하고 부조리한 결론이라는 생각이 강하게 들지 않는가. 합리적인 사람이라면 당연히 그럴 의문이 들 것이다. 상식적으로 생각해서, 노회찬 의원이 도대체 뭘 잘못했단 말인가. 잘못을 저지른 사람은, 때 되면 검찰에게 떡값을 쥐여주는 대기업 비서실장이나, 떡값 제공에 동조하는 일간지 회장이나, 대화를 비밀리에 녹음한 전 안기부 직원이 아닌가. 제보자와 기자를 거쳐 이 사실을 뒤늦게 알게 된 국회의원이 이를 공개하고 문제 제기하는 것이 무슨 잘못이란 말인가. 대기업과 국가기관의 부정부패, 고위 검찰의 비리와 타락, 이에 동조하는 거대 언론, 불법 수사에 이르기까지 우리 사회의 고질적 병폐들이 그대로 드러났는데, 잘못을 저지른 자는 아무런 징벌을 받지 않고 유독 문제를 제기한 국회의원만이 유죄판결을 받았다. 무언가 잘못되었다는 느낌이 드는 것이 당연하다.

 노회찬 의원에게 유죄 취지의 판결을 내린 대법원 판결(대법

---

[6] 노회찬 의원은 이 판결에 대하여 상고를 제기한 상태로, 19대 국회의원에 당선되었지만 상고기각 판결이 내려져 확정되면 의원직을 박탈당하게 될 것이다.

원 2011. 5. 13. 선고 2009도14442 판결) 내용을 살펴보면 더욱 가관이다. 대법원은 이 사건에서 노회찬 의원이 '안기부 X파일'에 관련한 내용이 담긴 보도자료를 국회의원회관에서 기자들에게 배포한 행위는 국회의원의 면책특권[7] 대상이 되는 행위라서 처벌받지 않는다면서도, 보도자료를 홈페이지에 게재한 행위에 대해서는 다음과 같이 판시해 통신비밀보호법 위반죄를 인정하고 있다.

- 피고인(노회찬)이 국가기관의 불법 녹음 자체를 고발하기 위하여 불가피하게 위 녹음 자료에 담겨 있던 대화 내용을 공개한 것이 아니고, 위 대화가 피고인의 공개 행위 시로부터 8년 전에 이루어져 이를 공개하지 아니하면 공익에 대한 중대한 침해가 발생할 가능성이 현저한 경우로서 비상한 공적 관심의 대상이 되는 경우에 해당한다고 보기 어려우며, 전파성이 강한 인터넷 매체를 이용하여 불법 녹음된 대화의 상세한 내용과 관련 당사자의 실명을 그대로 공개하여 방법의 상당성을 결여하였고, 위 게재 행위와 관련된 사정

---

[7] 헌법 제45조는 "국회의원은 국회에서 직무상 행한 발언과 표결에 관하여 국회 외에서 책임을 지지 아니한다"라고 규정하여 국회의원의 면책특권을 인정하고 있다.

을 종합하여 볼 때 위 게재로 의하여 얻어지는 이익 및 가치가 통신비밀이 유지됨으로써 얻어지는 이익 및 가치를 초월한다고 볼 수 없다.

다시 말하면, 국회에서 기자들에게 보도자료를 뿌린 행위는 국회의원의 면책특권에 해당하여 죄가 안 되지만, 보도자료를 자기 홈페이지에 올린 것은 죄가 된다는 얘긴데, 황당하기 이를 데 없다. 대부분의 기사가 신문지상보다는 인터넷으로 유통되는 현실에서 기자들에게 공개하는 것은 (단 몇 분 내지 몇 시간 내에 기자들을 통해 신문사 홈페이지에 올라올 게 뻔한 사실인데도) 죄가 되지 않고, 기자들에게 공개하는 동시에 개인 홈페이지에 올린 행위는 불법이라니…… 또한 노회찬 의원이 불법 녹음 자체를 고발하기 위하여 폭로한 것이 아니어서 법의 보호를 받을 수 없다는 법원의 기계적인 논리도 괴이하다. 불법 녹음한 안기부에 문제를 제기해야 면책받을 수 있고, 대기업이 검찰에 뇌물을 상납하는 관행이나 이에 공모하는 언론에 문제를 제기하는 것은 정당한 행위로 인정할 수 없다는 말인가. 굳이 따지자면, 불법 녹음이나 수사도 문제지만 대기업과 국가기관인 검찰의 비리와 타락은 그보다 훨씬 심각한 사회 병폐의 온상이 아닌가.

대법원 판결문은 결론적으로는 노회찬 의원의 폭로 행위로 얻는 공익보다 (이학수와 홍석현 간의) 통신비밀을 보호함으로서 지켜지는 공익이 더 크다는 결론을 내리는데, 상식적으로 생각해도 어이가 없을 따름이다.

통신비밀보호법이 어떤 법인가. 1993년 통신비밀보호법 제정 당시 이유를 보면 "국민의 통신 및 대화의 비밀과 자유를 보장하기 위하여 전기통신의 감청과 우편물을 검열 등은 그 대상을 한정하고 엄격한 법적 절차를 거치게 함으로써 우리 사회를 사생활의 비밀과 통신의 자유가 구현되는 자유로운 민주사회로 진전시키려는 것임"이라고 한다. 즉 이 법이 보호하려는 근본 가치는 사생활의 비밀, 그러니까 개인의 프라이버시권과 통신의 자유인 것이다. 그런데 사생활의 비밀 또는 프라이버시란, 일반적으로 자기만의 사적 영역을 함부로 공개당하지 않고 사생활의 평온과 비밀을 유지하기 위하여 현대에 이르러 만들어진 개념이다. 예를 들어 자신의 성적 취향이나 파트너에 대한 비밀, 개인적인 신념이나 사상 같은 사적인 영역을 함부로 공개 혹은 침해당하지 않을 자유를 법으로 보호하려는 것이다.

이 사건을 보자. 국내 굴지의 대기업 비서실장이 기업이 조성한 비자금으로 검찰 고위 간부에게 뇌물을 제공하고, 그 사실을 유력 일간지 회장에게 얘기하는 것을 국가기관이 도청한다. 당사자도 대화 내용도 심지어 이를 몰래 녹음한 자까지 모두 공적 존재이며, 대기업과 국가기관의 부정부패, 검찰의 비리와 타락, 이를 동조 또는 묵과하는 거대 언론사, 불법 수사 방식에 이르기까지 우리 사회의 공적인 문제가 모두 녹아들어 있는 공적 사안이다. 개인의 사적인 영역이나 프라이버시라고는 한 치도 개입되지 않은 공적인, 너무나 공적인 영역인 것이다. 과연 통신비밀보호법이 보호하려는 가치가 이런 것인가. 이 법은 과연 기업 범죄와 국가기관의 타락을 보호하는가. 우리 사회에서는 이학수 삼성 비서실장과 홍석현 중앙일보사 회장의 통신과 비밀보호가 국가기관의 타락과 부패에 대한 문제 제기보다 더 중요한 공익적 가치를 가지는가. 언제부터 우리나라가 그렇게 비밀보호와 프라이버시를 중시했는지 궁금하다.

결론적으로 노회찬 의원 사건의 판결문은 너무나 기계적으로 법률을 적용하고 정의의 요청에는 노골적으로 눈감은 판결이다. 통신비밀보호법 위반죄를 기계적으로 적용한 대법원 판결을 비판하기에 앞서, 과연 법 위에 정의가 있는지를 묻고 싶다. 과연 법은 누구를 보호해야 하는가. 타락한 대기업과 검찰인가, 이에 용감히 맞서 싸우는 정치인인가.

마지막으로 불편한 질문을 하나 던져본다. 우리 사회에서, 삼성을 건드릴 수 있는 자, 그 누구인가. 적어도 우리나라 법원은 아닌 것 같다.[8]

---

[8] 법원이 삼성에 면죄부를 주는 판결은 어제 오늘 내려진 것이 아니다. 재벌의 변칙적인 경영권 승계의 대표적인 예인 삼성에버랜드 전환사채 헐값 발행 사건이 대법원 전원합의체에서 6 대 5로 무죄판결이 내려진 예를 맨 먼저 떠올리게 된다. 이에 대해서는 "한국의 법은 만인에게 평등하지 않다(한겨레21 2010년 6월 11일자 기사)"에 인상적인 구절이 있어 옮겨본다.
"1980년대 후반 유학을 나갔는데 외국 사람들이 삼성을 알고 있더라고. 그때는 우리나라가 아프리카 토고 정도로 대접받는 시기였는데 말이지. 그런 삼성을 인정해야 해." 삼성 에버랜드 전환사채 헐값 발행 사건을 두고 얘기하다가 결국 '글로벌 기업 삼성' 예찬에 이르렀다. 오랜 세월 법원 내 요직을 두루 거친 '잘나가는' 판사님의 말씀이었다. 삼성을 바라보는, 아니 삼성 비리를 대하는 이 사회 주류의 시각이었다.

법관들의 자만심과 오만은 어디에서 오는가?

- 2008년 미국산 쇠고기 수입을 반대하는 촛불집회가 전국을 뜨겁게 달구던 시절, 신영철 대법관은 서울중앙지방법원장으로 근무하고 있었다. 그는 형사법원의 일반 형사 사건은 무작위 배당이 원칙인데도 2008년 6월 20일부터 같은 해 7월 14일까지 촛불집회 관련 사건을 (보수적으로 알려진) 특정 재판부에 지정 배당하였고, 이에 판사들이 문제를 제기하자 무작위로 배당하겠다고 약속한 이후에도 배당할 재판부의 범위를 제한하여 직간접으로 배당에 관여했다. 신영철 대법관은 2008년 7월 15일에는 형사단독 판사들에게 이

메일을 보내 비밀리에 간담회를 소집하여 형사 재판 운영을 지시하는 등 촛불시위 관련 재판에 노골적으로 개입하였다. 그는 2008년 8월 14일에는 판사들에게 "정치적인 냄새가 나는 사건은 보편적 결론을 도출하기 위하여 노력해달라"는 이메일을 보내고, 같은 해 10월 9일 야간집회 금지를 규정한 집시법(집회 및 시위에 관한 법률)에 대한 위헌법률심판이 제청되면서 촛불집회 관련 재판이 연기되고 피고인들이 보석으로 석방되자 단독 판사들에게 전화를 걸어 "보석을 신중히 결정하라"고 주문했으며, 열네 명의 판사를 불러 위헌 제청에 구애받지 말고 재판을 진행하라고 독촉하였다.

신영철 대법관은 2009년 2월 18일 대법관으로 취임했으며, 언론과 시민단체의 지속적인 문제 제기에도 불구하고 꿋꿋이 자리를 지키고 있다. 국회에서 탄핵소추안이 올라왔지만, 여당의 비협조로 결국 폐기되었다. 신영철 대법관의 촛불 재판 개입은 우리나라 법원이 과연 외부 압력으로부터 자유로운 독립 사법부의 위상을 유지하고 있는가라는 의문을 불러일으키는 대표적인 사건이다.

한편 최근에는 신영철 대법관의 재판 개입에 대한 문제 제기를 주도하였으며, 자신의 트위터에 '가카 빅엿'이라는, 이명박 대통령을 풍자하는 글을 올려 언론에 회자되었던 서기호 판사가 재임용 심사에서 탈락하는 사건이 있었다. 우리나라에서 판사는 임기제로 10년마다 재임용되지만, 재임용 심사에서 탈락하는 일은 극히 드물어 사실상 신분이 보장되고 있었기 때문에 서기호 판사의 재임용 탈락은 그만큼 많은 논란을 낳았다.

지난날을 생각해보면 우리나라 사법부가 정치권력으로부터 자유로운, 독립적인 위상을 자랑한 적은 없었던 듯하다. 권력이나 정권의 영향력에서 크게 벗어나지 못하고 늘 보수적인 입장에서 판결을 내려왔다. 법조계라는 분야가 일반적으로 사회 변화를 주도하는 급진적이고 개혁적인 면모를 보이기보다는 안정적이고 보수적인 특성을 보이긴 하지만, 이런 점을 감안하더라도 우리나라 사법부의 모습은 예나 지금이나 실망스럽다. 왜 우리는 사회 변화를 주도하는 개혁적인 판결을 기대할 수 없는가. 아니, 변화까지는 기대하기 어렵다 하더라도, 적어도 국민들의 눈높이와 기대에 부응하는 사법부의 모습을 기대하는 것도 무리란 말인가.

벌써 10년 전 일이다. 고 노무현 대통령이 대선주자로 부상하던 무렵인 2002년도에 나는 사법연수원생이었고, 법원에서 시보를 하고 있었다. 그때 내가 배치받았던 재판부의 판사들과 식사할 기회가 몇 번 있었는데, 그때 대화를 주도하던 부장판사님이 노무현 후보 얘기를 꺼내더니 불편한 심기를 드러냈다. 뭔가 합리적인 근거나 이유는 없는데, 그냥 그런 정도의 인물이 대권주자로 거론된다는 것이 매우 불쾌하다는 취지였다. "걔(노무현) 연수원 때 성적도 그저 그랬고, 별 볼일 없었는데 말이지……" 나는 그후에도 비슷한 얘기를 여러 법조인, 특히 경력이 오래된 나이 지긋한 판사들로부터 들을 수 있었다. 정통 엘리트 법조인이 아닌, 상고 출신의 인권 변호사인 '노무현'이라는 인물에 대한 업신여김 내지는 강한 반감이 종종 묻어나왔다. 소위 법조 엘리트라는 집단에서 사회개혁적인 움직임에 보이는 일반적인 반응이 바로 그랬다.

    신영철 대법관의 촛불 재판 개입이나 서기호 판사의 재임용 탈락 등의 사태를 보면서, 신영철 대법관 같은 사람이 정치권이나 권력층의 압력을 받아 촛불 재판에 개입하게 되었다는 생각은 들지 않는다. 오히려 내가 보기에 신영철 대법관은 광우병 쇠고기 문제로 촛불을 드는 사람들은 엄벌에 처해야 한다거나, 야간집회에 참여하는 시위꾼들은 함부로 풀어주어서는 안 된다는 강한 신념을 가진 사람이었고, 평소 소신에 따라 재판부를 배당하거나 재판 진행을 종용하는 방식으로 재판에 개입했을 가능성이 훨씬 높다. 소위 엘리트 법관이라는 판사들을 만났을 때, 사회개혁 세력에 강한 반감을 표출할 정도로 그들의 개인 소신이나 신념을 충분히 느낄 수 있었기 때문이다.

신영철 대법관의 재판 개입에 관하여 이용훈 대법원장이 "그 정도 발언을 가지고 압력을 받았다고 느끼면 판사 자격 없다"라는 말을 한 것을 봐도 신 대법관의 재판 개입은 정치권의 압력을 받은 결과라기보다는 신영철이라는 개인의 소신과 신념에 따른 행위에 가까운 듯하다. 이용훈 대법원장의 발언에서는 엘리트 법관들의 흥미로운 시각을 알 수 있는데, 판사 개개인을 독립적이고 주체적인 존재로 인식하며 외부의 압력쯤에는 흔들리지 않고 스스로 문제를 처리할 수 있다고 보는 사고방식이다. 판사가 일개 직장인처럼 상사의 발언에 흔들리는 일 따위는 상상할 수 없다는 법관들의 자존심과 오만함이 묻어나오는 대목이다.

서기호 판사의 재임용 탈락의 경우에도 마찬가지이다. 나는 재임용 탈락을 결정한 고위 법관들이 이명박 대통령에게 경박한 표현을 했다는 이유로 시 판사를 새임용에서 달락시키라는 정치권이나 권력층의 압력을 받았을 것이라고는 생각하지 않는다. 하지만 고위 법관들은 사회질서와 권위를 존중하고 수호하려는 경향이 강하며, 엘리트들의 기득권과 지배구조에 저항하는 움직임에 상상 이상의 강한 반감을 가지고 있다. 결국 신영철 대법관의 재판 개입에 강하게 대응함으로써 법원의 질서를 무너뜨리고 권력구조에 저항하려 드는 서기호 판사 같은 존재는 보수적인 법원 입장에서는 허용해선 안 될 존재이다. 그들은 자신들만의 질서를 수호하기 위해 질서를 어지럽히는 세력에는 단호하게 대처한다. 국민들이 보기에는 어이없고 황당한 일들이지만, 그들에게 그것은 그리 중요하지 않다.

초등 학생도 알 만한 일을
눈감아버리는

● 모 사립학교 교수인 김영호는 대학 입학 시험에 출제된 수학 문제 오류를 지적한 후 부당하게 재임용에서 탈락한다. 교수 지위를 다투는 소송의 1심에서 패소하고 항소심마저 억울하게 기각되자, 분노한 김 교수는 2심 재판장인 박봉주 판사의 집으로 찾아가 공정한 재판을 요구하며 석궁으로 위협하기에 이른다. 격렬한 몸싸움 끝에 복부에 상처를 입은 박 판사는 병원에 후송되고 김 교수는 체포된다.
법원은 판사회의를 열어 김 교수의 행위를 사법부에 대한 도전이자 '테러'로 규정하고, 엄중 처벌하겠다는 입장을 발표한다. 막상 살인미수죄로 기소되어 재판에 회부된 김 교수는 석궁을 쏜 적이 없다고 주장하고, 결백을 주장하면서 재판은 난항을 거듭한다. 김 교수는 자신이 석궁을 쏜 적이 없고, 사건 현장에서 석궁이 우연히 발사되었으나 벽을 맞고 부러졌을 뿐이라고 주장하지만, 사건 현장에 '부러진 화살'은 남아 있지 않다. 김 교수는 증거로 제출된 박 판사의 내의와 조끼에만 혈흔이 남아 있고 와이셔츠에는 혈흔이 남아 있지 않은 데 의문을 제기하며, 박 판사의 혈액 감정을 요구하지만, 재판부는 이를 받아들이지 않는다.

2012년 초를 뜨겁게 달구었던 〈부러진 화살〉의 줄거리이다. 이 글을 쓰기 시작할 무렵 개봉된 영화 〈부러진 화살〉을 보았다. 놀랍게도, 영화를 보고 난 느낌은, 너무나 익숙한 상황이어서 전혀 놀랍지 않다는 것이다. 변호사를 하면서 종종 경험했던 고압적이고 권위적이며 불친절하고 오만한 법원의 모습이 고스란히 보인다. 익숙하다.

　영화의 내용이 사실이라고 가정하고, 법적 관점에서 보면 석궁 사건에서 박 판사가 화살을 맞았느냐 맞지 않았느냐의 문제는 김 교수의 유죄를 판단함에 있어서 중요한 쟁점은 아닐

수 있다. 김 교수가 흉기인 석궁을 장전해 박 판사를 겨냥하고 다가서는 순간, 이미 살인 또는 상해의 실행에 착수한 것이다. (물론 김 교수는 석궁을 진짜로 쏠 의사가 없었다고 주장하므로, 이러한 주장이 맞다면 좀 다른 문제이긴 하다. 그러나 내심의 의사를 판단하기란 어렵고, 법원은 김 교수가 석궁을 쏠 의사가 있음은 충분히 추정된다고 판단하여 김 교수의 이러한 주장은 전혀 고려하지 않았던 듯하다.)

그다음에, 김 교수가 실제로 석궁을 쏘았는데 박 판사가 경미한 상처를 입었는지, 아니면 우발적으로 발사된 화살이 벽에 맞아 부러졌는지 여부는 범죄가 기수(범죄가 완료됨)냐 미수(범죄의 실행에 착수하였으나 완료되지 못함)냐의 차이만 있을 뿐이다. 우리나라 형법상 미수는 임의의 형 감경 사유일 뿐이다. 즉 기껏해야 양형에나 영향을 미칠 뿐인데, 그렇지 않을 수도 있다는 얘기다. 결국 김 교수가 석궁을 실제로 쏘았는지 또는 박 판사가 화살을 실제로 맞았는지 여부는 법원 입장에서는 중요한 법적 쟁점이 아닐 수도 있다. 오히려 재판 결과에 불만을 품고 흉기를 판사에게 겨누었다는 사실만으로도 판사들에게는 등골이 서늘한 일이고, 용납할 수 없는 사법 테러나. 법원 입장에서는 엄중한 처벌이 마땅하다.

물론 당사자는 그렇지 않다. (김 교수 입장에서는) 나는 쏘지도 않은 화살을 맞았다고 하니 황당할 노릇이다. 와이셔츠에 묻은 혈흔은 없고, 증거인 부러진 화살은 사라졌는데, 이를 설명해주는 사람은 아무도 없고 재판에서 모든 요구는 묵살된다. 재판 과정이 어이가 없고, 피해자 박 판사의 혈흔 감정 신청과 같이 중요한 증거신청을 받아주지 않는 판사들의 행동은 당연히 이해가 안 될 것이다.

하지만, 법원은 (위에서 살펴본 이유로 사건의 결론에는 영향을 주지 않으므로) 김 교수가 화살을 실제로 쏘았는지 쏘지 않았는지 밝힐 필요도 없거니와, 만약에 김 교수가 화살을 쏘지 않았다는 것이 밝혀진다면 걷잡을 수 없는 사태가 발생한다. "판사가 거짓말을 한다. 판사가 증거 조작을 하고 위증을 한다. 검사가 증거 인멸을 한다." 우리나라 사법부에서 상상할 수도 없고, 있어서도 안 될 일이다. 법원과 검찰의 위신은 땅에 떨어지고 권위는 산산조각이 난다. 절대로, 절대로 인정할 수 없다. 이러한 위험을 감수하느니 차라리 피고인의 요구를 묵살하고 (영화 속 판사들처럼) 판사직에서 물러나 조직을 위해 희생하거나, 계란 세례를 받는 쪽이 낫다. 결국 사건의 전모를 밝히는 것은 법조계의 위신을 위해 절대 있어서는 안 될 일이었던 것이다. 실체적 진실을 밝히라는 요구는 이렇게 법원과 검찰의 위신 앞에 무릎을 꿇는다. 그런데 과연 실체적 진실이나 정의의 요구를 묵살하고 피고인의 인격과 권리를 철저히 무시해야 할 만큼 법조계의 위신이 그렇게 중요한 가치인가? 이런 극도의 권위주의는 어디에서 나오는 것일까?

석궁 사건의 공판 기록을 보지는 않았지만, 이 영화에 묘사된 법정 모습은 그리 낯설지 않았다. 당사자나 변호사가 1심에서 다투지 않은 점에 대하여 2심에서 새로 증거신청을 할 경우 판사들이 재판 지연 등을 이유로 증거신청을 받아주지 않는 것은 사실 흔한 일이다. 또 당사자나 변호인이 생각하기에는 굉장히 중요한 증거(이 사건에서는 박 판사의 혈흔 감정 등)의 경우에도 판사 생각에 사건의 결론을 달리할 수 있는 요건 사실에 관련돼 있지 않다면 증거신청을 좀처럼 받아주지 않는다. 영화를 보는 국민들은 분통이 치미는 황당한 장면도 법정에서는 종종 있는 일이라는 얘기다.

내가 근무하던 '참여연대'에서 영화 〈부러진 화살〉의 열풍과 관련해, "왜 법원은 불신의 대상이 되었을까"라는 주제로 시민 토론회가 열렸다. 사말석으로 참여 의사를 밝힌 시민 패널 몇 명과 기자, 교수 등 전문가 패널, 그리고 관심을 가지고 방문한 시민들이 사법부 불신의 원인과 문제점에 대해서 자유롭게 이야기했다. 시민들은 "초등학생도 알 만한 일을 눈감아버리는 사법부에 분노했다.", "자신을 방어할 수 있을 만큼 똑똑하고 변호사도 선임한 김 교수도 철저히 무시당했는데, 내가 그런 상황에 놓였다면 어떻겠는가. 뭔가 분하고 억울한 일이 있어도 참아야겠다고 생각했다"라는 등 법조계에 대한 강한 불신과 분노를 표출했다.

  나는 시민들의 이야기를 들으며, 법조인들의 생각보다 국민들의 사법 불신이 훨씬 심각하고 뿌리깊다는 사실을 절감했다. 법원이 영화 〈부러진 화살〉에 대해서 사실관계가 왜곡되고 편향된 영화라고 적극 해명하려 했지만, 많은 국민들은 법원의 해명을 믿기보다는 영화 내용에 공감하고 사법부를 비난했다. 그렇다면 왜 이렇게 많은 국민들이 사법부를 불신하고 분노하게 되었을까? 우리나라 사법부가 그동안 엘리트 집단이 되어 국민 위에 군림하면서 사법을 권력집단의 독점적인 도구로 만들어 왔고 이런 상황에서 국민과는 제대로 소통하지 않았다는 점이 근본 원인일 것이다. 권력 집중과 권위주의로 인한 소통의 부재가 이처럼 엄청난 사법 불신과 증오를 낳은 것이 아니겠는가.

  그렇다면 이러한 법조계의 권위주의와 오만함, 불공정함, 그리고 권력에 대한 편애는 어디서부터 시작된 걸까. 나는 법조계에서 보낸 지난 경험을 돌이켜보고 하나하나 곱씹어보지 않을 수 없었다. 권위주의적이고 오만한 대한민국 법조계가 어떻게 탄생했는지, 또 그런 법조인들이 국민들에게 어떤 판결을 내려왔는지, 왜 국민들이 사법부를 오해하고 불신하게 되었는지, 여기저기 흩어진 조각들이 모여 그림이 그려지기 시작했다. 대한민국 사법부는 진정 무엇이 문제인가. 법조인들이 탄생하는 과정에서부터 권위적이고 소통이 어려운 사법부, 권세 있고 부유한 자들에게 관대한 사법부가 만들어지기까지의 모습을 이제 처음부터 살펴본다.

2장
법조계,
출발부터
너무 다른

연세대 나와서 콤플렉스 있니?

● "최 검사, 너 우리나라에서 제일 좋은 대학 나왔잖아. 1년에 한 번만 고개 숙여도 니 인생 고속도로야. 검찰청 방방마다 니 대학 동기, 선배, 후배잖아…… 나 지방 사립대 나왔어. 검찰에 내 대학 동창 둘뿐이다. 나 하루에 열 번씩 고개 숙이러 다닌다. 아등바등 기어도 너와 비슷하게 진급한다." (드라마 〈추적자〉 중에서 박 검사의 말)

● 판사가 서울대 출신이 아니라고 해서 조직 내에서 특별히 차별이 있거나 그런 건 모르겠고…… 근데 느낌에 판사

는 거의 90퍼센트가 서울대 출신인 것 같아. 그래서 고등부
장 승진이나 대법관처럼 고위직에서 암묵적으로 서울대 출
신이 아닌 사람에게 주는 자리수가 한정되어 있는 게 관례
니까 비서울대 출신들은 몇 안 되는 자리를 놓고 경쟁 구도
랄까 그런 게 있지. (A씨, 37세, 서울중앙지방법원 판사)

● 변호사가 서울대 법대를 나왔느냐 아니냐는 엄청난 차
이가 있습니다. 특히 소위 KS라인이라고 하는 경기고, 서울
법대 출신 중견 변호사의 경우 법조계의 유력 엘리트들이
다 친구고 선배고 후배고 그러니까…… 한번 사건을 맡게
되면 바로 인맥으로 어떤 재판부든 재판부 판사들 성향을
파악해서 사건 진행에 참고해요. 전화 한두 통만 돌려도 대
충 사건을 맡은 판사가 어떤 사람인지 각이 나오는 거죠. 대
형 로펌은 아예 리스트 같은 걸 만들어서 인맥을 관리하기
도 한다고 해요. (B씨, 중소 로펌 변호사)

대한민국 법조계는 서울대의 세상이다. 좀 더 정확히 말하
면, 서울대 법대의 세상이기도 하다. 사법고시 정원이 1000명을
돌파한 이후로는 절대적인 비율이 많이 줄어들기는 했지만, 지

금까지도 부장판사급 이상의 고위 법관, 검사장급 이상의 고위 검사, 주요 로펌의 파트너급 변호사 등 고위 법조인을 살펴보면 대다수가 서울대 법대 출신이다.

2012년 8월 현재, 대법관 열세 명(한 명 공석) 중 박보영 대법관(한양대 법대 졸)과 김창석 대법관(고려대 법대 졸)을 제외한 열한 명은 서울대 법대 졸업생이고(최근까지는 열네 명의 대법관 중 열세 명이 서울대 법대 졸업생이었음), 헌법재판관 여덟 명(역시 한 명 공석) 중 이정미 재판관(고려대 법대 졸)을 제외한 일곱 명은 서울대 법대 졸업생이며, 2011년 기준으로 서울 지역 판사 중 78.8퍼센트가 서울대 졸업생이다. 법원 엘리트 승진을 판가름하는 고등법원 부장판사의 경우 6년 동안 통계를 내보니 86퍼센트가 서울대 졸업생이었다고 한다. 국내 최대 규모의 로펌인 김앤장의 경우 2007년도 기준으로 한국 변호사의 약 90퍼센트가 서울대 출신이고, 이중 서울대 법대 출신이 80퍼센트가 넘는다.[1] 최근에는 사법고시 합격생 중 서울대, 연세대, 고려대, 소위 SKY 출

---

[1] 2007년경 기준으로 김앤장 소속 변호사 253명 중 서울대학교 출신이 227명으로 89.7퍼센트를 차지하고, 뒤를 이어, 고려대 열두 명, 연세대와 한양대 각각 다섯 명, 성균관대 두 명, 동아대 한 명, 하버드대 한 명이라고 하고, 서울대학교 출신 중에서도 법대 출신이 189명으로, 기본적으로 서울대 법대 출신을 뽑는다고 보면 된다. (임종인 · 장화식 지음, 《법률사무소 김앤장》, 39면)

신의 비율이 60퍼센트에 조금 못 미치는 등 사법고시 합격생의 출신 대학은 다양화되는 추세이지만, 여전히 고위 법조인, 특히 엘리트 판사는 서울대 법대 출신이 절대다수를 차지하고 있다.

한 나라의 법조계 고위층의 대부분을 특정 대학교의 특정 학과 출신이 독점하는 이러한 기형적인 구조는 어디에서 유래한 것일까. 사실 이는 매우 자연스러운 결과이다. 우리나라는 철저한 학벌주의 사회이고, 로스쿨 제도의 도입으로 서울대 법대의 학부가 사라진 최근까지, 인문계 학생들 가운데 가장 우수한 학생들 다수의 서울대 법대 진학은 자연스러운 수순이였다. 또한 우리나라의 최고 엘리트 코스는 법대를 나와 사법고시를 합격하여 법관 내지는 검사가 되는 것이라는 사회 통념이 오랫동안 유지되었고, 이에 따라 우등생들은 대개 서울대 법대를 나와 사법고시를 준비했다. 사법고시 합격자 수는 오랫동안 철저히 통제되어왔기에,[2] 아주 우수한 사람만이 합격할 수 있었다. 인문계에서는 가장 우수한 학생들이 모인 서울대 법대에

---

[2] 사법고시 합격자 수는 1963년도에 처음 시험이 실시된 이래 1976년도까지는 매년 예순 명 정도로 묶여 있다가, 그후 매년 스무 명씩 증가해 1980년도까지 140명으로 늘었다. 1981년부터 1995년까지는 300명 정도로 제한되어 있었는데, 그후 매년 조금씩 증가해 2001년 최초로 1000명선으로 늘어났다.

서 가장 많은 사법시험 합격자가 나왔는데 전혀 놀라울 게 없는 이야기이다.

그런데 특정 학교 및 특정 학과 출신이 특정 사회집단을 독점하는 구조는 매우 위험하다. 특히 법조계가 공정성과 정의가 고도로 요구되는 분야라는 점에서 이러한 위험은 더 심각하다. 고위 법조인 대부분이 서울대 법대 출신이라는 현상의 대표적인 폐해는 법조계의 내부 동질성과 결속력이 다른 사회조직에 비해서 비정상적으로 강하고 이는 공정한 법집행의 결정적 장애가 된다는 것이다.

학벌 중심의 인간관계로 엮이는 우리 사회의 특성 때문에, 고위 법조인은 대부분 대학(때로는 고등학교)시절부터 이어져 내려오는 끈끈한 관계를 계속 유지하게 되는데 이는 전관예우 등 불공정한 법적용의 일차 원인이 된다. 즉 동료 고위 법관이나 법관 출신 변호사가 사건과 관련하여 정보를 주고받거나 편의를 봐주는 일은 "대학교 친구" 또는 "고등학교 친구"라는 인간관계의 자연스런 결과로 통한다는 얘기다. 이런 오래된 인간관계를 기반으로 하고 있기 때문에 법조인들은 내부 문제나 비위에 훨씬 관대하고, 구조적인 문제까지도 개인 인격의 문제로 쉽사리 치부해버리곤 한다. 이것이 바로 우리나라 고위 법조계,

특히 고위 법관들의 현실이다.

더 심각한 것은 법조 엘리트 대다수가 "서울대" 또는 "서울대 법대"라는 동질성을 가지고 있어서 이러한 동질성에서 발생하는 문제를 제대로 인식하지도 못한다는 것이다. 비주류 집단(비서울대, 비법대 출신 법조인)출신으로 법조계에 진입한 사람이 법조계의 주류로 성장하는 과정에서 상상하기 어려운 고충을 겪을 수 있는데도 법조 엘리트 집단의 대부분이 서울대 또는 서울대 법대 출신이기 때문에 이러한 배타성에 아무도 문제를 제기하지 않았다. 남이야 어떻든 자신들은 아무런 불편도 느끼지 않기 때문이다. 그러니 앞에서 언급한 드라마 〈추적자〉에 나오는 지방대 출신 검사의 한탄이 결코 엄살이나 과장으로 느껴지지 않는다.

내가 사법연수원을 다닐 때, 사법연수원은 10여 개의 반과 30여 개의 조(1개 반이 3개의 조)로 나뉘어져서 모든 수업과 활동이 반과 조 단위로 이루어지는 시스템이었다(지금도 마찬가지일 것이다). 그런데 이중 같은 조에 같은 학교, 같은 과 출신이 있는 경우는 서울대 법대나 고려대 법대 정도가 유일했다. 그래서 대학교 때부터 맺어진 인간관계를 통해 스터디를 짜거나 정보를 교류하는 일조차 다른 학교, 다른 학과 출신일 경우 어려운 일이였다. 이런 분위기에서 서울대 법대 출신 법조인은 사법연수원 과정에서도 인맥을 통해 자연스럽게 여러 혜택을 누리게 된다. 특히 유명 대형 로펌의 경우에는 인맥 중심으로 신규 인력을 채용해 서울대 법대 출신이 아니면 입사 기회를 얻기가 매우 어려웠다.

법원의 경우 엄격하게 성적순으로 선발되기 때문에 일견 학벌과는 무관해 보이기는 한다. 하지만, 나중에 들은 바로는, 법원 내부에서 소위 엘리트 코스는 서울대 법대를 졸업하고 일찍 사법고시에 붙은 법무관 출신 남자 판사들이 대다수를 차지하기 때문에 여기에 해당하지 않는 이들은 엘리트 코스를 밟아 법원 내에서 인정받는 데 상당한 어려움이 있다고 한다. 실제로 눈에 보이지 않는 이러한 차별에 스트레스를 받아 법원에서 나온 (타 대학 출신) 판사들의 사례도 꽤 목격했다.

이런 서울대 중심의 법조계 문화로 인한 황당한 일들은 수도 없이 많다. 내가 아는 A 변호사는 연세대 출신으로 유명 대형 로펌에 들어갔다. 그런데 A 변호사가 입사하던 2000년대 초반에는 해당 로펌 변호사의 대부분이 서울대 법대 출신이었고, 비서울대 출신 변호사는 극히 일부였다. 이 로펌에서는 서울대 법대 출신으로 엄청나게 잘나가던 부장판사 출신 B 변호사를 영입했는데 이 사람은 전형적인 엘리트주의자에 매사에 안하무인인 위인이었다. A 변호사와 일하던 B 변호사는 때로 어이없는 행동을 일삼았는데(술자리에서 여자 변호사나 여직원에게 성적인 농담을 한다든지 지나치게 주사를 부리기도 했다), A 변호사가 항의하거나 불만을 표출하자, B 변호사는 "너, 연세대 나왔다고 콤플렉스 있냐?"라고 말하거나, "집이 강남이 아니라서 스트레스 받냐?" 이런 식으로 대놓고 모욕했다고 한다. 법조계 일반이 서울대 출신이 아닌 사람을 어떻게 보는지 알 수 있다.

그나마 서울대 법대 출신이 아닌데도 주류에 낄 수 있는 경우가 있는데, 집안이 아주 훌륭하거나 가족 중에 법조인이 있는 경우이다. 사법고시 정원이 늘어나면서 가족 중에 법조인이 있는 경우가 꽤 많아졌는데, 10년 전까지만 하더라도 가족 법조인은 아주 드물었다. 심지어 가족 중에 법조인이 있을 경우, 이 사실을 모르는 사람이 없을 정도였다. 명문가나 돈이 많은 집안 출신들도 법조 주류 사회에 편입하기 유리하다. 물론 집안이 든든한 빽이 되는 것은 우리나라 어느 사회에서나 마찬가지이긴 하지만 말이다.

그래서 법조계는 학벌, 혈연, 집안 등으로 얽혀 폐쇄적인 데다, 집단 내부의 동질성은 엄청 강하지만 외부 교류는 제한되어 있다는 특징이 있다. 법조계 엘리트 조직의 정점에는 엘리트 법관들이 존재한다. 이른바 최고 대학, 최고학부 출신으로 사법고시를 합격하고 모두 우러러보는 법관이 되어 사회의 우월한 지위에서 한 번도 내려와본 적이 없는 사람들이다. 보통 국민들의 삶을 경험해본 적도 없을뿐더러 인간에 대한 이해심이나 배려하는 마음을 가지기란 너무나 어렵다. 엘리트주의와 우월 의식이 지나치게 강하다.

특정 대학, 특정 학과가 오랫동안 법조계 엘리트 집단을 독점하면서, 법조계는 동질성이 너무나 강하고, 냉철한 내부 비판이나 객관적 평가는 내기리 어려운 조직이 되어간다. 서로 떼려야 뗄 수 없는 법조계의 끈끈한 인맥, 판사나 검사에 대한 접대가 부패의 증거라기보다는 오히려 우정의 표시 정도로 치부되는 기풍, 비위를 저지른 법조인조차 싸고도는 관대함도 법조계 내부의 동질성(서울대 법대 중심)과 오랜 시간 동안 형성된 인간관계 때문에 형성되었을 것이다.

이렇게 일찍부터 인간관계가 형성되어 법조계에서 흔히 발생하는 전관예우나 내부 청탁 같은 문제들에 대해 법조인들은 특히 둔감하다. 사실 변호사가 고등학교 친구나 대학교 친구인 판사나 검사에게 전화를 걸어 "내가 이러이러한 사건을 맡고 있는데, 한번 잘 살펴봐줘" 정도로 얘기하는 것은 법조계 내부에서는 전혀 문제될 만한 일이 아니다. 이런 대화를 사건에 대한 압력이나 청탁이라고 생각하는 법조인은 드물었고, 오랫동안 쌓아온 친밀한 인간관계에서 주고받는 일상적인 대화 정도로 받아들였다.

하지만 법조계 내부의 친밀함과 관행을 모르는 국민들 눈에는 막강한 권력을 가진 집단 내에서 발생하는 엄청난 권력 작용으로 보일 수 있고, 기소 청탁이나 사건에 대한 외압으로 비치기도 한다. 또한 실제로 이렇게 오가는 말들이 "일상적으로 주고받는 대화에 불과하므로, 사건에 전혀 영향을 미치지 않는다"라고 단언할 사람은 거의 없을 것이다. 이처럼 친밀한 인간관계에 기반을 둔 조직의 내부자들에게는 전혀 문제되지 않는 일들도, 공정한 법집행이라는 측면에서는 심각한 문제가 될 수 있다.

그러나 출신 대학 같은 학벌의 문제만으로 법조 엘리트 집단이 형성되고 동질화되는 과정을 모두 설명할 수는 없다. 오히려 사법연수원이라는 특수한 교육 체제가 법조계의 동질성 형성에 더 결정적인 역할을 한다고 봐야 한다. 사법연수원의 모습을 살펴보기에 앞서, 잠시 사법고시를 준비하는 고시생들의 생활을 들여다보자.

청춘을 다 바쳐서 붙은 시험인데

● 얼마 전에 대학 동기인 친구 하나가 자살했다는 연락을 받았어. 그 소식이 너무 충격적이었어. 대학교 때부터 사법고시를 준비해왔는데 계속 실패했고, 그 이후에 딱히 자리를 못 잡고 있었는데…… 뒤늦게 다시 고시 준비를 한다고 하다가 시험 보기 일주일 전에 행방불명이 됐는데, 결국 몇 달 뒤에 시체가 발견된 거야. 시험에 대한 압박감 때문에 돌이킬 수 없는 선택을 한 거 같아. 평소에 워낙 밝고 명랑한 친구여서 정말 믿을 수가 없었어…… (H 씨, 변호사)

우리나라에서는 한두 다리만 건너면, "누구누구네 집 아들(딸)은 지난 10년 동안 고시공부를 했는데, 결국 합격을 못하고 지금은……"으로 시작하는 이야기를 들을 수 있을 것이다. 지난 수십 년 동안, 사법고시, 행정고시, 외무고시 등으로 대표되는 고시제도는 많은 고급 잉여인력을 낳았다.

사법고시 합격까지 걸리는 평균 기간은 5년 남짓이라고 하지만, 고시생들은 짧게는 3년에서 길게는 10년 넘게까지, 20대에서 30대까지 꽤 오랜 시간을 사법고시 준비에 매달려야 한다. 사법연수생 입소 기준 평균 연령은 만 29~30세인데, 대학교 2~3학년에 고시 공부를 시작하는 사람들이 많다는 점을 감안하면, 시험 준비 기간이 (남자의 경우 군입대 기간을 고려하더라도) 평균 5~6년은 되는 것이다. 또 사법고시 원서 제출자 중 합격자의 비율은 지난 40여 년간 1~3퍼센트 수준에 머물러 있다.[3] 매년 사법고시 응시자 쉰 명 중 한 명 정도가 겨우 합격한다는 얘기다. 원서를 제출하는 사람들 중에 시험을 경험상 또는 그냥 한번 쳐보는 응시자들을 감안하더라도, 사법고시 합격은 쉽지 않은 관문임이 분명하고 그동안 엄청난 수의 고시 낙오

---

[3] 1963년 1차 사법고시가 시행된 이래 1차 응시자 수 대비 최종 합격자 수의 비율은 2퍼센트 정도였으며, 이 수치는 0.2~3.92퍼센트에 머물러 있었다.

자 내지 고시 낭인이 양산되어 온 것도 사실이다.

또 사법고시 2차 시험에 적용되는 과락제도(아무리 전체 점수가 높아도 한 과목이라도 40점 미만의 점수를 받으면 불합격 처리되는데, 합격자 평균 점수가 50점 정도이기 때문에 고득점을 하고도 과락으로 불합격하는 일도 많다) 때문에, 사법고시 합격은 실력뿐만 아니라 운도 큰 비중을 차지한다. 이처럼 지나친 경쟁률과 수년에 걸쳐 매달려야 할 정도의 엄청난 공부량, 때로 운에 의해 당락이 좌우되는 시험제도 때문에 사법고시 준비생들은 극도의 스트레스와 미래에 대한 불안감에 시달리면서 아까운 청춘을 보내야 한다.

나 역시 20대 초반에 신림동의 고시촌에서 3년 정도 자취를 하면서 사법고시를 준비했다. 20대에서 40대에 이르기까지 각양각색의 다양한 사연을 가진 사람들이 이곳에 모여서 고시를 준비하고 있다. 신림동 고시촌의 칙칙한 분위기와 여기저기서 전해 내려오는 암울한 이야기들(10년 넘게 준비하고도 계속 아깝게 떨어진 이야기, 장기간 고시 공부 하다가 정신이상이 된 사람 이야기, 고시 공부 하다가 백수로 전락한 사연, 고시에 실패하고 자살한 사람 등등)까지 겹쳐져, 고시 공부 기간은 정서적으로 강인한 사람도 장기간 견디기 힘든 험난한 관문이다.

내가 고시 공부를 하던 몇 년 동안에도 자살한 선배, 정신이상을 일으켜 이상해진 동기들의 사례를 목격했다. 1년에 두 차례 있는 (1차, 2차) 사법고시 합격자 발표일에는 실로 희비가 엇갈린다. 합격하고 행복에 겨워 찬란한 미래를 꿈꾸는 사람들보다 훨씬 더 많은 고시생들은 쓰린 가슴을 안고 끝이 보이지 않는 도전을 반복해야 한다. 이런 괴로운 기억들 때문에, 많은 법조인들이 나이가 들어서까지 사법고시에 낙방하는 악몽을 종종 꾸게 된다고 털어놓았다.

비정상적으로 과열된 채로 운영되어온 고시제도의 문제점이라면, 젊은 시절 치열하고 험난한 관문을 이겨냈다는 동질감 때문에 같은 법조인의 비리나 잘못에 지나치게 관대할 수밖에 없다는 것이다. 판사나 검사는 아무리 심한 비리를 저질러도 기껏해야 불명예 사직을 당할 뿐이고, 변호사들 역시 문제가 생겨도 길어야 1년 자격정지 정도의 솜방망이 처벌을 받고 나면 그만이다.

"청춘을 다 바쳐서 붙은 시험인데…… 아무리 잘못했다고 해도 자격을 박탈할 순 없지." 이런 막연한 생각을 대부분의 법조인이 공유하고 있다.

또 젊은 시절의 대부분을 극도의 스트레스 속에서 고시 공부에 바쳐야 하는 현실 때문에, 합격한 사람의 피해의식 혹은 보상심리도 엄청나게 강하다. 그동안 피땀 흘려가며 노력했고, 주변(가족이나 친지)의 엄청난 지원을 받은 만큼 법조인으로서 누릴 것은 다 누리고 대접받아야 한다는 심리가 생기는 것이다. 사법고시에 합격한 대부분의 법조인들은 험난한 고시 공부 과정을 거쳐왔으니 돈이든 권력이든 남보다 우월한 지위와 혜택을 누리는 것이 당연하다고 생각한다.

때론 이런 삐뚤어진 보상심리는 법조인의 소명의식이나 정의에 대한 욕구를 능가하는, 법조인 특유의 공통 심리로 작용한다. 물론 지금까지 고시제도가 가장 유력한 신분상승 수단으로, 소위 '개천에서 용나는' 희망을 많은 국민에게 심어주는 효과가 있었던 것도 사실이기는 하다. 하지만 비정상적인 고시제도 때문에 찬란한 신분상승의 꿈에 혹해 인생을 허비하거나 이루지 못한 꿈 때문에 평생 괴로워하는 사람들도 엄청나게 많다. 더 우려스러운 것은 험난한 과정을 뚫고 법조계에 입성하는 법조인들이 가지게 되는 과도한 보상심리다. 이러한 보상심리는 때론 도덕적, 윤리적 의무보다 더 강하게 법조인들을 지배한다.

어쨌든 그렇게 험난한 고시 생활을 무사히 견뎌내고 사법고시에 합격한 자들은 모두 2년간의 사법연수원 과정을 거치게 되는데, 이곳에서 고시합격생들은 비교적 동일한 의식구조를 가진 법조인으로 다시 태어나게 된다. 그럼 사법 연수원의 모습을 한번 살펴보자.

사법연수원에 구급차가 대기하는 이유는?

● 사법연수원 시절은 사실 별로 기억하고 싶지 않아요. 거대하고 냉혹한 경쟁체제였다고나 할까. 한번은 한 판사 출신 교수님이 오후 수업을 맡고 있었는데 정규 수업 시간이 끝난 다음에도 아무런 설명도 없이 수업을 계속하는 거예요. 두 시간이고, 세 시간이고, 수업은 계속되고…… 한 학생이 손을 들고 언제까지 계속하시는 거냐고 질문을 했는데 묵살당하고…… 그날 수업은 결국 밤 열두시까지 식사시간도 없이 계속되었어요. 시험을 대비한다는 이유였죠. 열두시에 수업이 끝난 후 모멸감을 느끼면서 술을 마셔

야 했어요. 하지만 누구도 교수님에게 이의를 제기할 수는 없었죠. (P 씨, 34세, 변호사)

● 사법연수생 1년차 이모 씨(32세). 보름 전인 지난 11일 서울 영등포구 신길동 자신의 아파트 10층에서 창문을 열고 뛰어내렸다. 2학기 시험을 한 주 앞두고서다. 고교 때는 전국 수석도 했던 그다. 서울대 외교학과를 졸업하고 4년 공부 끝에 모두가 선망하는 사법시험에 합격했지만 정작 마지막 관문에서 그는 손을 놓아버렸다. "같은 내용을 대여섯번 읽어도 머릿속이 하얗게 되어 아무것도 기억나지 않는다." "땀이 나서 기록을 제대로 볼 수 없다." 이씨가 평소 가족들에게 남긴 얘기다. (경향신문 2006년 10월 25일자 기사에서 발췌)

사법연수원의 구조는 사실 굉장히 특이하다. 사법고시 합격생이 늘어나면서(2002년에 1000명을 돌파했고, 최근에는 로스쿨 도입과 함께 합격생 수가 다시 줄어들고 있다.) 이미 오래전부터 사법연수원 수료생은 대부분 법원이나 검찰이 아닌 변호사 업계로 진출하고 있는데도 철저히 법관 양성 중심으로 교육을 실시하며, 학습 및 평가 과정의 절반 이상은 판사로서 판결문을 작성하는 요령이 차지한다.

사법연수원 교수는 절반 이상이 판사이고, 나머지가 검사이며, 변호사는 극소수이다. 대부분 외부에서 활동하는 변호사가 초빙강사로 강단에 서서 (상대적으로 그리 중요하지 않은 과목인) 변호사 실무를 가르치게 된다. 즉 사법연수원은 실제로는 변호사 양성소가 된 지 오래지만, 철저히 법관양성소로 운영되고 있는 것이다. 판사 출신 교수들은 연수원에서 거의 절대 권력을 행사하며 연수생들을 평가하고, 사법연수생들은 연수원을 통하여 법원의 권위에 자연스럽게 익숙해져서 지극히 관료적이고 엘리트 중심적인 사법 체제에 편입되는 것이다.

나는 사법연수원에 입소하기 전까지 판사를 만나본 적이 없고, 판사가 특별히 대단한 직업이라고 생각하지도 않았다. 그런데 막상 사법연수원에 들어가 보니, 판사는 거의 하늘과 같은 권력을 가지고 있었고, 법원의 위세는 대단했다. 우선 사법연수원 교수 중 약 3분의 2는 판사들인데, 이들은 보통 법원에서 엘리트 코스를 밟고 있는 최고의 법관들이었다. 사법연수원 교수가 법원 승진 코스에서 중요한 관문이라고들 한다. 나머지 3분의 1을 차지하는 교수들은 검사들인데, 검찰에서는 사법연수원 교수가 엘리트 코스가 아니라는 얘기가 있고, 교수로 온 검사들도 소위 잘나가는 검사들은 아니라고들 했다. 결국 사법연수원 교육과정은 대다수의 엘리트 판사들이 좌지우지하는 구조였다. 당연히 법원과 판사들을 엄청나게 찬양했고, 가장 우수한 학생들은 당연히 법원으로 향해 잘나가는 판사가 되어야 한다는 분위기였다.

내가 사법연수원에 입소할 때는 이미 연수생의 숫자가 상당히 많아지고 있었기 때문에, 연수생들 사이에서도 미래에 대한 불안이 감돌았다. 성적 경쟁은 엄청나게 치열했고, 연수생들의 성적을 평가하는 교수들은 절대 권력을 누렸다. 연수생들은 잘나가는 판사 교수들에게 잘 보이려고 열심히 노력했고, 교수들은 성적이 우수하고 나이가 어린 연수생들을 노골적으로 편애했다. 사법연수원은 법조계에서 법원의 절대 권력에 복종하는 곳으로, 우수한 엘리트를 양성해서 법원에 공급하는 역할을 하고 있었다.

연수원에서는 상식적으로 납득하기 힘든 어처구니없는 일들이 많았다. 사법연수원 1년차 때는 2년차 여학생 한 명이 시험을 본 직후 쓰러져서 병원으로 후송되다가 사망한 사건이 있었다. 사법연수원 시험은 여덟 시간 동안 가상의 사건 기록을 보고 판결문을 쓰는 방식으로 진행되는데 쉬는 시간이 전혀 주어지지 않는다. 워낙 시험의 난이도가 높은 데다 경쟁이 치열하기 때문에 대부분의 연수생들이 여덟 시간 동안 식사는커녕 간식도 제대로 먹지 않고 극도로 긴장된 분위기에서 시험을 치른다.(한 명씩 화장실은 보내준다.) 원래 빈혈기가 있고 허약했던 여학생이 식사도 하지 않고 쉬는 시간도 없이 여덟 시간 동안 시험을 치르다가 탈진해서 결국 사망에 이르게 된 것이다.

쉬는 시간이 없는 여덟 시간의 시험이라니! 훌륭한 법조인을 키워내기 위해서 왜 이런 가혹한 절차들이 필요한지 도무지 납득이 가지 않았다. 하지만 사망자까지 나온 이후에도 누구도 이런 시험방식에 의의를 제기하지 않았다. 그다음부터 교수들이 "그래도 밥은 먹고 해라" 정도의 얘기를 했을 뿐이다. 실제로 다음 시험을 볼 때도, 여덟 시간 동안 시험을 보는데 식사하는 연수생은 거의 찾아볼 수 없었다. 단지 병원에서 파견한 구급차가 시험 기간 내내 연수원 앞에 대기하게 되었다. 차마 웃지 못할 서글픈 이야기이다.

사법연수원에서 교수들의 권위는 하늘을 찔렀다. 성적과 평가를 담당하는 교수들에게 혹시나 잘못 보일까 싶어서 연수생들은 교수들에게 질질 매고 꼼짝을 못했다. 한 엘리트 판사인 교수는 술자리에서 여학생들을 억지로 안고 블루스를 추는 등 성추행을 하기도 했다. 하지만 누구 하나 공식적으로 문제를 제기하지 않았고, 피해를 입은 학생이 몇 안 되는 여자 교수님에게 하소연했는데, 결국은 유야무야 넘어가고 말았다. 나보다 늦게 연수원을 다닌 사람들 얘기로는, 연수생 숫자가 많아지면서 경쟁이 더 치열해져 교수들의 횡포가 더 심해지고 권위 의식은 더 강해졌다고 한다.

사법연수생들은 이런 분위기 속에서 자연스럽게 법조 권력의 정점에 판사가 있고 엘리트 판사들이 권력을 독점하고 있는 법조계 현실에 길들여지게 된다. 성적이 우수하면 법원으로 가는 것이 당연하다고 생각했고, 그렇지 않은 경우에는 의아해할 정도였다. 또한 연수생들은 연수원에서의 인맥에 집착했다. 판사(교수)님들에게 잘 보여야 향후 법조생활이 편하다는 이유였다. 졸업한 후에도 판사 출신 교수님을 정점으로 한 끈끈한 인간관계는 계속 유지되었다. 그런데 재미있는 것은, 그런 엘리트 판사인 교수님이 판사직을 그만두고 변호사로 개업하면, 자연스럽게 연수생들의 모임이 와해된다는 것이었다. 더 이상 잘 보일 필요가 없어진 걸까.

납득할 수 없는 방식으로 운영될 때가 많지만 누구도 문제를 제기하지 못하는 분위기에서 예비 법조인들은 자연스럽게 법원의 절대적인 권위와 권력에 익숙해진다. 게다가 엘리트 법관을 최정점으로 한 법조계 분위기에 자연스럽게 동화되고, 우수한 성적을 받아 판사를 지망하는 연수생들 자신도 달콤한 권력과 권위를 누릴 거라는 막연한 기대감을 가지게 되는 것이다.

또한 사법연수원은 실무인력 양성 기관이면서도 마치 고등학교 같은 시스템으로 운영되기 때문에(체육대회, 수학여행같이 친목을 도모하는 행사도 열리고, 고등학교 때처럼 자기 반 교실에서 수업을 듣는다) 사법연수원을 거치는 동안 법조인들은 자연스럽게 끈끈한 관계로 엮이게 된다. 사법연수원 시험이 무시무시한 사법고시보다 더 힘겨웠다는 연수생들도 많을 정도로(시험 보다가 사망한 사건만 봐도 알 수 있지 않은가) 사법연수원 교육과정은 강도가 높고 공부에 대한 압박감은 엄청났다. 연수원의 고된 학습 과정과 엄청난 공부량 때문에 사법연수생들을 모두 '험난한 과정을 함께 이겨낸' 동료로 인식되는 효과도 있다.

앞으로 법조계에서 어떻게든 도움을 주고받으며 살아갈 동료라고 생각하기 때문에 연수원에서 만난 사람들은 대체로 서로에게 매우 친절하고 좋은 인간관계를 맺기 위해서 노력하곤 했다. 2년 과정을 거치면서 법조인들은 끈끈하고 중요한 인맥

집단으로 다시 태어난다. 판사든, 검사든, 변호사든 '우리는 모두 하나'라는 유대감과 동질감이 연수원 동기들을 연결해주는 것이다. 이렇게 가까워진 법조인들은 서로를 쉽게 내칠 수 없다.

연수원에 들어가는 순간
달라지는 것들

영화 〈부당거래〉에는 경찰관이 검사에게 "영감님, 영감님"이라고 부르는 장면이 나온다. 영화에서는 이런 호칭이 검사의 권위를 비꼬는 어조로 들리기도 하지만, 실제로 우리나라에서는 꽤 오랫동안 판사와 검사에 대한 호칭이 바로 "영감님"이었다. 이런 명칭은 일제시대부터 쓰였지만, 근래에도 지방에서는 검사나 판사를 "영감님"이라고 부르곤 했고, 나도 검찰시보 시절에 그런 모습을 목격한 적이 있다. 사실 초임 검사나 판사는 대부분 20대 후반에서 30대 초반의 젊은이들인데, 나이 지긋한 공무원들이 이런 젊은 판검사를 "영감님"이라고 부른다. 참 아이러니한 풍경이다.

생각해보면, '영감님'이란 정말 권위적이고 봉건적인 호칭인데, 이런 호칭이 꽤 오랜 세월 동안 저항감 없이 통용된 이유는 실제로 판사와 검사가 권위적이고 봉건적인 특권을 누려온 탓일 것이다. 나는 이미 얘기했던 것처럼 자라면서 법조인을 만날 일이 없었고, 판사와 검사라는 직업에 대한 경외감에 가까운 정서도 느끼지 못했다. 그런데 사법고시에 합격하고 연수원에 들어가니, 사법연수생이라는 이유만으로 주변의 대우가 엄청나게 달라지는 것을 느낄 수 있었다. 사법연수생은 2개월씩 법원, 검찰, 변호사 시보로 실무 수습을 하게 되는데, 이때에도 사법연수생이라는 이유로 법원 직원이나 검찰 직원들이 엄청나게 깍듯하게 대한다.

하지만 누구보다도 특별한 대우를 받게 되는 사람은 바로 미혼 남성인 사법연수생이다. 인터넷에 떠돌아다니는 결혼정보회사의 등급표에 따르면, 서울대학교 법대 출신의 판사가 100점으로 1등급, 서울대학교 법대 출신의 검사와 5대 로펌 변호사가 97점으로 그다음 순위(2등급)를 차지한다. 우리나라 어떤 직업(심지어 연예인이나 스포츠 스타)보다 높은 점수이다. 최근에는 법조인의 위상이 떨어지면서 좀 달라졌지만, 실제로 10

년 전만 하더라도 미혼 남성인 사법연수생은 결혼시장에서 최고의 위치를 차지했다. 혼처를 소개하는 소위 '마담뚜'들은 거액을 들여서라도 연수생들의 인적사항과 연락처가 적힌 연수원 수첩을 손에 넣으려 하고, 결혼 적령기 미혼의 남자 연수생에게는 합격 이전에는 상상할 수도 없는 좋은 조건의 신붓감들이 줄을 섰다.

이런 결혼시장에서의 특별 대우 때문에 해프닝이 많았는데, 가장 흔한 케이스는 고시생 때 사귀던 여자친구와 관련해 생기는 일이다. 고시생 때 사귀던 여자친구나 남자친구가 있을 경우, 합격하고 사법연수원 입소 전에 결혼하지 않으면 입소 후에는 거의 헤어지게 된다는 것이 정설이었다. 그래서 연수원 들어가기 전에 결혼하자는 여자친구나 여자친구 가족의 압박 때문에 어쩔 수 없이 급하게 결혼식을 올렸다는 남자 연수생들도 좀 있었다. 또 결혼하지 않고 연수원에 들어온 경우, 예전 여자친구와 비교할 수 없을 정도로 좋은 혼처 자리를 놓고 고뇌에 빠지는 남자 연수생들도 많았다. 연수원 교수님들에 따르면 평균 일주일에 한 명 정도는 변심한, 또는 변심할 것 같은 남자친구 마음을 돌려달라고 연수원에 찾아오는 여자들이 있었다.

마담뚜들은 남자 연수생에게 전화해서 보통 결혼 여부를 확인하는데, 결혼했다고 말했더니 "그럼, 결혼생활은 행복하세요?"라고 묻는 마담뚜도 있었다 한다. 실제로 신혼이었던 한 남자 연수생의 부모가 며느리를 탐탁지 않아 하다가 좋은 혼처들을 들이미는 마담뚜에게 홀랑 넘어가 아들과 며느리에게 이혼을 종용하는 사례도 보았다.

사법고시에 합격한 순간부터 이런 특별대우를 받으면서 사법연수생들은 자기도 모르는 사이에 자신이 대단한 사람이 된 듯한 착각에 빠지게 된다. 그나마 내가 연수원을 다니던 2000년도 초반에는 사법연수생이 누리는 특권이 많이 사라지던 중이었는데, 법조 선배들에게 들은 옛날 얘기는 정말 가관이었다. 지방에 법원시보, 검찰시보로 내려가면 유지들로부터 대접을 받아 호의호식할 수 있었고, 준재벌급의 혼처를 소개받는 경우도 흔했다는 것이다. 특히 비교적 젊은 나이에 사법고시에 합격한 이른바 소년급제생의 경우에는 어릴 때부터 누리는 다양한 특권에 길들여져 자연스럽게 특별대우에 익숙해지고 권위의식에 사로잡히곤 했다. 일찍 사법고시를 합격한 뒤 오랜 판사 생활을 한 소위 엘리트 법관들의 경우에는 특권 의식이나 권위의식이 없는 사람을 찾기가 어려울 정도였다. 너무나 어린 나이에 특별대우를 받아 평생 그렇게 살아왔으니, 이해는 가면서도 씁쓸할 때가 많았다.

하지만, 그보다 더 심각한 문제는 사법연수생에게 이런 화려한 혼처가 들어오는 이유에 있다. 유력가 집안이나 준재벌집에서 왜 사법고시에 합격한 사람이라면 묻지도 따지지도 않고 사윗감으로 삼으려 하겠는가. 소위 사자 사위가 가문의 영광이여서 그런 것만은 아닐 것이다. 결국 그들이 원하는 것은 힘든 일이 생길 때 든든한 지원군이 되어줄 판사 사위, 검사 사위다. 특히 사업을 하거나 돈을 굴리는 집안의 경우 검찰 수사나 법원의 판결이 사업이나 재산에 미치는 영향이 어마어마하다는 것을 경험상 잘 알고 있기에 더욱더 법조인 가족이 여러모로 힘이 되어주기를 기대한다. (영화 〈부당거래〉에도 이러한 현실이 잘 묘사되어 있다.) 자신의 사건을 직접 맡지는 못하더라도 수사하는 검사나 판결하는 판사에 대한 정보를 줄 수도 있고, 때론 사정을 설명해주거나 연결해줄 수 있는 든든한 법조인 사위가 필요한 것이다.

우리나라의 소위 엘리트 법조인들은 유력가와 혼인으로 얽히는 경우가 흔했고, 다수의 법조인들은 중매와 결혼을 통해서 상류층과 연결된다. 우리나라에서 고위층, 재벌가의 범죄에 유난히 관대한 형량이나 판결이 내려지는데, 고위층과 법조계의 혼맥으로 연결된 끈끈한 관계가 일부 영향을 미친 결과가 아닌가 추측해본다.

북창동 코스를
아시나요?

● 솔직히 이제 변호사들이 드러내놓고 판사나 검사 접대하는 일은 별로 없는 것 같긴 한데. 그래도 인맥 관리 차원에서 이루어지지. 지방에 재판을 가거나 하면, 그 지역에 있는 원래 알거나 같은 기수의 판사나 검사들을 모아서 식사 대접을 한다든지, 골프를 친다든지…… 이런 게 암암리에 있어요. 사무실에서도 변호사들이 자기 친구인 판사, 검사들을 정기적으로 대접하는 것을 독려하는 분위기라니까. (L씨, 대형 로펌 변호사)

연수원에 들어가기 전까지 사회생활 경험이 없었기 때문에, 나는 우리나라의 유흥문화나 접대문화를 전혀 알지 못했다. 연수원에 들어간 지 얼마 안 돼 나에게는 매우 충격적인 사건이 있었다. 연수원에서 매년 초에 학교별로 전체 동문회가 열리는데, 연수생 수로 다섯 손가락 안에 드는 명문대학 동문회에서 1차로 다 같이 식사를 하고, 여자 연수생들에게는 차비로 10만 원씩 주고 돌려보낸 다음, 남자 연수생들은 전부 변태적 유흥업소에 갔다는 것이다. 그 자리에 있던 한 남자 연수생이 난생 처음 유흥업소를 경험하고 약간 충격을 받아서 하는 얘기를 우연히 들었는데, 나 역시 그런 문화를 처음 전해 듣고 엄청나게 놀랐다. 성적인 접대가 공공연히 이루어지고 있다는 사실이 놀라웠고, 공식 행사에서 노골적으로 여자들을 배제하고 유흥문화를 당당히 즐긴다는 당당함 역시 충격적이었다. 하지만 그렇게 난생 처음 알게 된 유흥 문화가 빙산의 일각에 불과하다는 것도 차차 알게 되었다.

물론 유흥이나 성접대 문화가 법조계 특유의 문제라고 할 수는 없을 것이다. 우리 사회의 성접대는 그만큼 흔한 일이고 사회 일반에 널리 퍼져 있는 공공연한 현상이기도 하다. 하지만 법조계와 같이 고도의 청렴성과 공정함을 요구하는 집단에서 비교적 일찍, 조직적으로, 죄책감 없이 성접대 문화에 익숙해지고 있다는 것은 심각한 문제이다. 특히 이런 과정을 통해 남자 법조인들은 도덕적, 윤리적 타락에 일찍부터 둔감해지기 시작한다. 대부분의 성접대는 집단적으로 행해지고, 향유하는 사람 따로 대접하는 사람 따로라는 점도 심각한 문제이다. 자기 돈으로 성을 사고파는 사람이 드물다는 얘기다.

법조계에 만연한 집단 성접대 문화에 대해 여러 경로로 보고들은 사례는 셀 수 없이 많다. 고시반이나 고시 스터디에서 먼저 합격한 사람들이 공부하는 고시생들을 위로(?)해주기 위해 유흥업소에 데려가는 일이 종종 있다고 한다. 아마 오랫동안 금욕적이고 억눌린 생활을 해야 하는 고시생들 사이에 전해 내려오는 풍습이 아닐까 싶다.

연수원에서는 이미 얘기한 것처럼, 주로 대학 동문회, 고교 동문회 등의 모임을 중심으로 떼지어 유흥업소를 방문하고, 그런 접대문화에 비교적 익숙한 사회 경험 풍부한 연수생이 몇 명씩 모아서 데리고 가는 일들도 있었다. 소위 '북창동 업소'라고, 모두 보는 자리에서 구강성교를 하는 변태 업소도 대다수 남자 연수생들이 경험하는 코스였다. 또 검찰에서는 지역 유지들이 검사님들을 성매매 업소로 모시는 경우가 흔한 일이라, 검찰시보 시절에 검사님이 룸살롱에 데려가서 몇 번이나 성매매(소위 2차)를 강요하고 억지로 여자와 함께 호텔방으로 올려보내 곤혹스러웠다는 남자 연수생도 보았다. 가장 공공연한 사례는 로펌에서 남자 연수생이나 법무관들을 채용하기 위해 룸살롱 등 성매매업소에 데려가는 풍습이다. 이런 문화에 맞들려서 일부러 이곳저곳의 채용 행사에 열심히 참석하는 법무관들도 있다는 얘기가 돌 정도였다.

성접대 문화에 대해서 여자 연수생들이나 여자 법조인들은 대부분 조금이나마 알고는 있지만, 이를 문제 삼는 경우는 없었다. 남자가 대다수인 법조계에서 성접대 문화쯤은 눈감아 줘야 하는 분위기가 있었다고나 할까. 심지어는 여자 법조인이나 여자 연수생이 다른 여자들에 비해서 성접대 문화에 관대하기 때문에 사귄다고 말하는 남자 법조인도 본 일이 있다. 나 역시 법조인들이 모인 자리에서 유흥업소에 가기 위해서 자리를 피해 달라는 요청을 받은 일도 몇 번 있었고, 비교적 점잖게(?) 노는 유흥업소에 동석한 일도 있었다.

나는 대학 시절 페미니즘 소모임의 일원이기도 했고, 성매매 문화에 심한 반감을 가지고 있었기 때문에 이런 유흥문화가 너무나 불편했다. 게다가 많은 경우, 이러한 성매매 내지는 성접대는 누군가 잘 보여야 할 사람이 잘 보이고 싶은 사람을 위해서 비용을 지불하곤 했다. 검사나 판사의 친구들이 사기도 했고, 채용을 위해 대접하는 경우도 있었다. 사람들은 이런 문화에 점점 익숙해지고, 나중에는 뭐가 문제인지 전혀 인식하지 못하게 된다. 내가 문제를 제기하면, "이건, 바람은 아니잖아"라고 변명을 늘어놓곤 했다. 게다가 "예전에 비하면 별로 심하지 않아. 점점 나아지고 있고"라는 변명도 흔했다. 물론 사실일 것이다. 법조계에 여성 비율이 현저히 높아지면서 공공연한 성접대가 예전보다는 훨씬 줄어들었을 것이고, 법조계에 대한 비판의 목소리가 높아지면서 스폰서나 아는 사람에 의한 성접대도 전과는 비교할 수 없이 줄어들었을 것이다.

그러나 법조인들은 지금까지 오랫 동안 집단적이고 조직적인 성접대 문화에 익숙해온 것도 사실이고, 이로 인해 여러 가지 병폐가 생겼다. 도덕적으로, 윤리적으로 옳지 않은 행위도 반복해서 집단적으로 지속하면 잘못이라고 인식하기 어렵다. 죄의식이 사라진다는 얘기다. 법조계 사람들의 성접대, 성매매에 대한 인식이 바로 그렇다. 소위 "색검, 떡검" 등 검사들에 대한 성접대 사건은 전혀 놀라울 것도 없는 일이다. 많은 국민늘이 "정말 썩었구나. 어떻게 저럴 수가 있지?"라고 생각하는데 법조인들의 반응은 "운이 없구나. 어쩌다 걸렸을까?"일 경우가 많고, 특히 문제가 된 법조인이 평판이 나쁘지 않을 경우에는 더욱 그렇다. 이미 얘기했듯이 법조인들은 서로 '한 가족'이라고 생각하기 때문에, 죄를 죄로 보지 못하고, 그 사람의 평판이나 인간성과 연관지어 판단하곤 한다. 그래서 설사 잘못을 저질러도 무척이나 관대하다.

게다가 성접대 문화는 누군가 반드시 지갑을 여는 쪽이 있다. 이런 문화에 익숙해지기 시작하면, 지나친 접대에 점점 둔감해지게 마련이다. 지위가 올라가고 나이를 먹으면서 아무래도 술이나 여자 접대는(건강 문제 등으로 인해) 예전만큼 환영하지 않고, 보통은 골프 접대로 옮겨간다. 법조인 대다수가 골프를 치고, 또 많은 경우 남의 돈으로 치거나 적어도 부킹 정도의 대접은 받는다. 로펌에서 근무하느라고 바쁘기도 해서 나는 미국 유학을 갈 때까지 골프채를 잡아보지도 못했는데, 나의 동기인 판사, 검사들 중에서는 이미 골프를 시작한 사람이 대부분이었다. 우리나라에서 골프를 치는 데 들어가는 비용이나 예약의 어려움을 생각하면, 어떻게 이런 일이 가능한지 솔직히 너무나 궁금하다.

이렇게 성접대에서 시작한 접대 문화로 인해 대부분의 법조인이 접대의 대상으로 하나로 묶이고, 암묵적인 일종의 공동체 의식이 강화되며 도덕적, 윤리적인 문제에 대한 불감증이 생긴다. 이는 남자 법조인에 한정되지 않는 문제다. 이런 현상을 가까이서 목격하는 여성 법조인 상당수가 도덕적, 윤리적 불감증을 앓고 있다. 증거를 확보하기 위해 가족에게 성매매를 시키고 증거를 제출하는 여변호사를 본 적이 있고, 남자들의 성접대나 성매매에 관대한 척하며 그것을 쿨하다고 생각하는 여성 법조인도 있었다. 유부남 변호사와 교제하며 벤츠 자동차와 샤넬 백 등을 받아 최근에 화제가 된 '벤츠 여검사'의 사연도 사실 그리 놀랍지 않았다. 똑똑하고 사회적 지위가 높다는 이유로 도덕적, 윤리적 의식 수준까지 높은 것은 아니라는 사실을 잘 보여주는 사례다.

가장 심각한 것은 접대문화가 너무 일상화되어 있어서, 뭐가 문제인지, 왜 문제인지 내부에서 의식하지 못한다는 것이다. 법조인의 윤리와 관련하여 크게 문제가 터지면, 운이 나쁘거나 도가 지나친 당사자 탓으로 돌릴 뿐이었다. 하지만 내가 경험한 바로는 많은 법조인들이 법조인들의 도덕적·윤리적 문제에 지나치게 관대하나. 원인 중의 하나는 바로 사법연수원, 법무관 등 법조계로 진입하는 초기 단계에서부터 집단적으로 성접대 문화를 경험하면서 공범 의식을 형성하기 때문이라고 생각한다. 이런 경험을 통해 자신이나 조직의 윤리적 문제에 자기도 모르는 사이에 익숙해지고 무감각해지고 관대해진다. 그렇게 '우리는 모두 하나'라는 의식은 더 공고해지는 것이다.

판사님을
은행까지 내려오라고?

● 꼴통이라고 변호사들 사이에 유명한 부장판사님이 한 분 있는데, 뭐든지 자기 나름대로 원칙이라고 세워두면 절대 복종해야 하는 거야. 준비기일에 증거 신청 안 하면 나중에 중요한 증거나 증인을 신청해도 절대 안 받아주고, 법정에 조금 늦는 꼴도 못 보고…… 한번은 한쪽 변호사가 좀 늦는다는 이유로 당사자인 60대 할아버지에게 "변호사가 늦으니 당신이 증인신문 진행해라" 하고 강요해서 할아버지가 더듬더듬 증인신문 사항을 읽는 것도 봤어. 그러다가 변호사가 헐레벌떡 뛰어들어 오니까 "증인신문 20분 안에 끝내

기로 했죠? 지금 2분 남았는데"라며 막 윽박지르고…… 시계를 보면서 계속 "2분, 1분" 시간 재고…… 결국 변호사는 혼비백산해서 질문 몇 개 했나…… 그러다가 끝내버리더라고. 이런 일 당하면 울화가 치밀고 황당하지. (J 씨, 42세, 변호사)

지금은 어떻게 바뀌었는지 모르겠는데 몇 년 전까지도 판사들은 은행창구에 가지 않았다고 한다. 법원에 있는 지점에서 직원들이 필요한 서류를 챙겨가지고 판사실로 직접 찾아뵙고 은행 사무를 봤다는 얘기다. 서울의 어떤 법원 내에 있는 은행 지점에 신입 직원이 들어왔는데, 이런 관행을 전혀 모르고 한 부장판사님의 적금이 만기가 되었기에 판사실에 전화해서 "적금이 만료되었으니 찾으러 오세요"라고 말했다. 판사 생활 20여 년 동안 한 번도 이런 일을 당하지 않았던 판사는 노발대발해서 지점장에게 연락해 격노한 끝에 결국 신입 직원과 지점장이 판사실로 찾아가 석고대죄하였다는 사연이다.

나는 이 얘기를 전해 듣고 정말 황당하다는 생각이 들 뿐이었다. 판사라는 이유로 은행창구에 가지 않는다는 관행도 상상을 초월했고 이러한 황당한 관행을 모른다는 이유로 화를 냈다니 이 역시 이해할 수 없었다. 더 놀라운 것은 이 사연의 당사자가 높은 학식과 뛰어난 능력으로 널리 존경받는 판사님이고, 승승장구하여 지금도 고위 법관으로 재직 중이라는 것이다. 법원의 권위주의나 오만함이 개인의 인격이나 능력과는 전혀 별개의 문제라는 사실을 또 한 번 깨달았다.

인격적으로도 존경할 만한 분들도 간혹 만날 수 있었지만, 사법연수원에서 만난 판사님들, 법원에서 시보하면서 본 판사님들은 대개 너무나 권위적이었다. 판사의 권위를 의식하고, 위계질서를 중시하고, 다른 사람들을 하대하거나 대접을 당연시하는 태도가 너무나 몸에 익어 있었다. 사회 초년생인 데다 법원의 실상을 전혀 몰랐던 나는 조직 내부에 있는 사람들은 잘 느끼지 못하는 권위 의식이 정말 실망스러웠다. 이런 판사들의 모습을 보면서 절대 판사는 하지 않겠다고 마음을 굳혔던 것 같다. 물론 그후에 사회 경험을 하게 되면서, 이런 권위 의식이나 오만이 반드시 판사들만의 특징은 아니고 소위 성공했다는 이들이 공유하는 특성이라는 것을 깨닫게 되었지만, 어쨌든 사법연수원을 통해서 처음 사회를 경험하던 나에게 판사들의 모습은 결코 좋아 보이지 않았고 되고 싶다는 생각은 너무욱 들지 않았다.

2장 법조계, 출발부터 너무 다른 **109**

사법연수원을 수료한 뒤 변호사로 활동하면서도 법원의 권위주의는 곳곳에서 목격할 수 있었다. 판사라는 이유로 사건 당사자나 변호사에게 막말도 서슴지 않고, 사건에 대한 판사의 생각을 노골적으로 드러내며 조정을 강요하는 일들도 비일비재했다. 물론 사건을 공정하게 진행하려고 노력하는, 신중하고 사려 깊은 판사들이 더 많은 것도 사실이다. 하지만 권위적인 데다 사건을 멋대로 진행하며, 사건 당사자나 변호사들을 당황하게 만드는 판사도 어렵지 않게 만날 수 있었다.

대부분의 변호사들은 황당하고 제멋대로 재판을 진행하는 일부 판사들에게 불만이 많았지만, 사건에 영향을 미칠 수 있기 때문에 함부로 문제를 제기하거나 불평하는 일은 꺼렸다. 한 변호사는 자신이 맡은 사건에서 증인신문을 제대로 듣지 않고 딴청을 부리는 부장판사에게 재판정에서 문제를 제기한 바 있는데, 이후 그 부장판사는 해당 변호사가 소속된 법률사무소 사건이 들어오면 재판을 진행하며 딴죽을 거는 등 노골적으로 불이익을 주었다고 한다. 소송에서는 언제나 판사의 눈치를 보아야 하니, 불공정한 재판 진행을 목격하고도 누구도 입 한번 뻥긋하지 못했다. 판사들은 이처럼 우월한 지위에서 권력을 휘두르면서 자기도 모르는 사이에 다른 사람들을 내려다보는 오만함이 몸에 배게 된다.

    이렇게 법조계에 진입하면서 형성되기 시작하는 극도의 권의주의와 우월의식은 결국 평범한 사람들이 이해할 수도 납득할 수도 없는 판결에까지 이르게 된다. 이해할 수 없는 판결이 나오기까지 그 구체적인 과정을 다음 장에서 좀 더 자세히 살펴보자.

3장
이해할 수 없는 판결이 나오는 진짜 이유

변호사 :
믿을게 변호사라고?

● 내가 판사 할 때는 변호사들이 너무 어이없게 열심히 안 하는 사건들이 있는 거야. 증거도 제대로 제출 안 하고 상대방 주장을 열심히 다투지도 않고…… 다른 사건에서 보면 똑똑하고 나름대로 괜찮은 변호사인데 왜 이것밖에 안하는지 정말 이해가 안 갔는데. 판사 그만두고 변호사 해보니까아 그게 돈이 안 되는 사건이었구나. 그걸 딱 알겠더라고. 돈을 조금밖에 안 주는 사건은 열심히 안 하게 되는 거지.
(A씨, 부장판사 출신 변호사)

시민단체에서 근무하면서 불공정한 수사나 재판으로 피해를 입었다며 사법 피해자라고 주장하는 분들의 연락을 받을 때는 "그런데 변호사의 도움은 받으셨나요?"라고 물어보게 된다. 내가 근무하는 단체에서는 개인 법률 상담은 맡지 않는 것이 원칙인 데다 사건의 실체를 전화 상담만으로는 충분히 알 수 없기 때문이다. 사건을 맡은 변호사들이 가장 잘 알 테고 필요한 도움을 줄 수 있지 않겠는가. 그런데 놀랍게도 많은 이들이 "변호사도 소용없어요" "변호사를 선임했는데 전혀 도움이 안 돼요"라고 이야기했다.

변호사는 소송 당사자를 위해서 법률 서비스를 제공하는 사람이다. 그런데 돈이나 권력이 없는 평범한 서민들은 변호사를 선임하기가 어려울 뿐 아니라 막상 선임해도 충분한 도움이나 조력을 받지 못하는 경우가 많았다. 많은 의뢰인들이 기껏해야 사무장이나 만나지 변호사는 얼굴 보기도 어렵다고 하소연했다. 변호사가 사건이 어떻게 진행되는지 의뢰인에게 충분히 설명해주는 일이 별로 없었다. 왜 이런 현상이 발생하는 걸까?

내 경험에 비추어보면, 지위 고하 및 돈과 권력의 유무를 막론하고 많은 사람들은 우리나라 법조계의 전관예우 관행을 굳게 믿고 있어서 사건이 발생하면 어떻게든 담당 검사, 판사와 연관이 있는 전관 출신 변호사를 찾으려 했다. 기업의 법무 담당자나 업무상 소송을 종종 경험하는 사람들을 제외한 대부분의 사람들에게 수사 대상이 되거나 소송 당사자가 되는 것은 일생을 통틀어 한 번 경험할까 말까 하는 대사건이다. 평범한 사람들은 막상 자신에게 법률 문제가 발생하면 공황에 빠지는 경우가 많았다. 조금이라도 불안함에서 벗어나고 싶어서, 조금이라도 도움이 될까 싶어서, 정신없이 전관 출신이거나 담당 판사나 검사와 관계가 있는 변호사를 찾으려 했다.

나의 경우에도 전혀 모르는 사람들로부터 나와 고등학교, 대학교 동문인 검사나 판사의 사건을 의뢰하고 싶다는 전화를 몇 번 받은 적이 있다.(물론 나는 맡지 않았고, 설사 맡았다 하더라도 전혀 도움이 되지 않았을 것이다. 동문들하고는 전혀 친하지 않기 때문이다) 많은 국민들은 우리나라 법조계가 공정하지 않다고 믿고 있기 때문에, 더욱더 인맥과 전관에 집착한다.

그런데 전관 출신, 특히 고위 검사직이나 판사직을 그만둔 지 얼마 안 된, 소위 변호사 시장에서 주가가 높은 전관 출신 변호사들의 경우에는 개업 초기 몇 년간은 밀려드는 사건을 주체하지 못할 정도로 바빴다. 그런 상태에서는 당연히 큰돈이 될 수 있는 유력가들의 사건에 집중할 수밖에 없다. 평생 사건을 한두 건 맡길까 말까 하는 평범한 서민이 이런 전관 출신 변호사를 선임해봤자 충분한 도움을 받을 리가 만무하다. 심지어 유명하고 경력이 오래된 변호사들의 경우에는 서면조차 사무장이나 직원에게 맡기고, 자신은 법정에만 나가는 경우도 있었다. 변호사가 의뢰인과 충분한 소통도 하지 않고, 사건에 신경도 안 써주는데 좋은 결과가 나오기는 어렵다. 그래서 열심히 변호사를 찾아 나선 의뢰인들은 사건에 대해 충분한 설명을 듣기도 어렵고, 사건 진행에 대한 정보도 얻지 못하며, 결국은 결과도 납득하지 못하는 경우가 많았다.

전관 출신 변호사는 둘째 치고 평범한 서민들에게는 일반 변호사도 너무 어려운 존재다. 편하게 사건 이야기를 하고, 수시로 물어보고 설명을 듣기에는 너무 바쁘고 멀리 있는 경우가 많다. 변호사들 역시 서민들의 소소한 사건을 맡아서는 큰돈을 벌기 어려운 데다 개인의 사건은 일회성에 그치는 경우가 많기 때문에 상대적으로 충분히 신경을 써주지 못하곤 했다. 물론 최근 몇 년간 변호사 수가 많이 늘어나고 젊은 변호사들이 법률시장에 대거 진출하여 경쟁이 심해지면서 예전 같은 구태의연한 모습은 많이 사라지고 있다 한다. 전관이라고 해서 무조건 사건이 몰려드는 관행도 예전 같지 않고, 변호사법 개정으로 전관 출신 변호사의 개업지가 제한되면서 전관들의 영향력도 많이 사라질 것으로 보인다.

하지만 많은 변호사들이 법률시장에서 큰 노력 없이 많은 돈을 벌어온 과거의 관행 때문인지 여전히 돈이 안 되는 소소하고 일회적인 서민들의 사건에는 충분한 관심과 노력을 쏟지 않는 일이 많다. 법조계 특유의 권위 의식과 맞물려, 아직도 많은 서민들은 변호사들로부터 충분한 설명이나 조력을 받지 못하는 경우가 많다. 사건 진행을 잘 이해할 수 없고 이해하지도 못하는 사이에 수사는 진행되고 판결은 내려진다. 뒤늦게 분통을 터트리지만, 달라지는 것은 없다.

검사 :

줄을 잘 서야 하는

- 그 검사 한직을 떠도는 사람이더라고…… 옷 벗을 일만 남은 거지. 우리 로펌에 넣어준다고 하니까 바로…… 증거를 없애버리던데. (영화 〈도가니〉 중에서 변호사의 대사)

- 검사들은 일정 이상 승진하면 실제 수사는 안 하는 경우가 많은데, 오직 관심사가 '인사'와 '승진'뿐인 것 같아. 검사들을 만나보면 맨날 그 얘기라니까. (C씨, 변호사)

- 수사 기록이 기소되지 않는 이상 공개가 안 되잖아. 불기

소 처분이 내려지면, 도대체 어떻게 수사해서 그렇게 된 건지 당사자들은 알 도리가 없어. 그래서 아무래도 검사들이 재량권이 큰 거지. 그만큼 전관예우도 개입될 여지도 크고…… 검찰 쪽은 확실히 전관예우가 있다고 생각해. (D씨, 공익법무관)

2012년 11월은 대한민국 검찰에게 수난의 달이다. 서울고검 김광준 검사가 수사 무마 대가로 거액의 뇌물을 받았다는 사실이 알려지며 구속되었고, 동부지검 전모 초임 검사가 여성 피의자를 조사하던 중에 성관계를 맺은 초유의 사건이 밝혀지며 검찰의 얼굴에 먹칠을 했다. 발 빠르게 한 평검사가 검찰 게시판에 검찰 개혁을 촉구한 글을 올리고 평검사회의가 열렸지만, 이것이 여론 물 타기를 겨냥한 꼼수임이 밝혀지면서 회의는 취소되었다. 그것으로 모자라서 한상대 검찰총장과 최재경 중수부장의 힘겨루기(검찰총장의 중수부장 감찰 지시, 중수부장의 반격 및 검사장들의 총장 사퇴 요구) 끝에 결국 검찰의 총수가 사퇴하는 일까지 벌어졌다. 그러나 한상대 검찰총장의 사퇴발언에 대해서도 시민들의 반응은 냉랭하다. 권력의 시녀이자 뇌물과 성추문을 비롯한 온갖 비리의 온상으로 낙인찍힌 검찰, 과연 그들에게 공정하고 정의로운 수사와 기소를 기대할 수 있는 걸까.

검찰은 이처럼 최근 어느 집단보다도 많은 의혹과 불신을 사고 있지만 개인적으로 검사들에게 안쓰러운 마음을 가지고 있다. 내가 법조인으로 살아가며 만났던 일선의 평검사들은 대부분 많지 않은 월급에다 엄청난 업무량에 눌려 허덕허덕 살아가고 있었다. 검사는 수사관이나 여직원처럼 근무하는 직원들을 챙기거나 수사비 등으로 업무상 돈을 써야 할 곳이 많아서 월급을 고스란히 집에 가져가기란 사실상 어려운 일이다. 그래서 본인 집안이나 배우자의 집안이 부유하거나 배우자와 맞벌이를 하지 않으면 검사직에서 오래 버티기 힘들다는 얘기를 공공연히 할 정도였다. 게다가 검사들은 2~3년 단위로 보직을 옮기며 전국을 돌아다니기 때문에 가족들과 함께 지내기조차 쉽지 않았다. 많은 검사들이 가족들과 떨어져 지방 관사를 전전하며 야근을 밥 먹듯이 하며 지냈다.

우리가 소위 정치 검찰이라고 부르는, 언론의 주목을 받고 권력의 입김이 작용하는 큰 사건을 담당하는 검찰의 요직은 일선의 평검사들과는 조금 떨어진 세계가 아닌가 하는 느낌을 받는다. 인사가 잦고 정치적인 영향력이 큰 조직이라, 검찰 조직에서의 상류층은 비교적 일찍 형성된다고들 했다. 물론 수사 능력이 탁월해서 조직에서 인정받는 경우도 있었지만, 대개 검찰의 요직은 정치권을 비롯한 외부의 영향을 많이 받는다. 소위 라인을 잘 탄, 학벌, 인맥, 집안이 좋은 엘리트 검사들은 좋은 자리에 일찍 자리 잡는 경우가 많았다. 당장 검찰 생활을 10년쯤 하고 나면, 잘나가는 엘리트 검사들은 서울지검이나 법무부의 요직에 임명되는데 그렇지 못한 검사들은 여러 지방을 전전한다. 인맥이나 혼맥이 출세에는 필수 조건이라고들 했고, 검사 지망생들은 특히 결혼에 신경 쓰는 경우를 많았다. 경제적인 어려움(잦은 지방 생활, 박봉, 수사비 등) 때문에라도 돈이 있는 집안과 결혼하려는 사람이 많았다. 남자 검사의 경우 배우자가 평범한 집안 출신의 가정주부인 경우는 드물고, 그런 경우에는 경제 문제 때문에 검찰 조직에서 계속 버티기가 힘들다는 얘기가 있었다.

일찍부터 소위 출세 라인이 형성되기 때문에 권력에서 배제되기 시작하는 일선의 평검사들이 자기 일에 자부심을 가지고 공정하고 성실하게 사건을 처리하기를 기대하기는 사실 어렵다. 게다가 열심히 일한다고 해서 충분한 보수가 주어지는 것도 아니고 사회적인 명예를 기대하기도 어려운 터라 더욱 그렇다. 또 박봉에다 가족들과 떨어져 지내는 지방 생활이 길어지면서 자연스럽게 지역에서의 접대에 휩쓸리기도 쉬운 듯하다. 변호사나 지역 유지들에게 식사나 술을 대접받는 일도 흔한 일이었다(물론 이런 관행은 점점 사라지고 있는 것 같기는 하다).

언론의 주목을 받는 검찰의 비리와 정치 검찰 문제는 검찰 조직의 구조적 문제점을 빼놓고 이야기할 수 없다. 우리나라 검찰은 세계 어느 나라에도 찾아보기 힘들 정도로 수사와 기소에 관한 권한을 독점하고 있어 지나치게 많은 권한이 집중되어 있는 반면 이를 견제할 장치는 거의 없다. 대부분의 검사들이 과중한 업무에 짓눌려 허덕이며 사건 하나하나를 신중하게 처리하기가 불가능한 현실에서도 검찰은 자신의 독점적인 권한을 전혀 포기하지 않는다. 실무를 시작한지 1년도 안 된 초임 검사가 검사실에 피의자를 단독으로 불러 취조하는 일도, 부장검사가 대담하게 피의자에게 뇌물을 받는 일도 다 검찰의 무소불위, 통제 불능의 권력에서 비롯한 일이다.

나는 사실 권력에 가까이 간 검사들의 사정은 잘 모른다. 법조 생활에서 실세와 무관하게 묵묵히 맡은 일을 하는 성실한 검사들을 보아왔기 때문이다. 소위 엘리트 라인이 (인맥, 혼맥 등을 통하여) 일찍부터 형성되고 권력과 연결되기 시작하는 검찰 내에서의 권력구조 때문에, 막상 출세하면 권력이나 정치와 무관하게 소신 있는 판단을 내리기는 무척 어려울 것이라는 점만 미루어 짐작할 뿐이다.

출세와 인사가 외부의 입김을 많이 받는 검찰 조직의 특성 때문인지, 비교적 소신 있게 판결을 내릴 수 있는 판사들과는 달리, 검사들은 윗사람의 눈치를 많이 보고 조직의 영향력에서 자유롭지 못하다. 이 책에서 검찰 조직의 여러 문제점이나 권력 구조를 구체적으로 분석하기에는 나의 경험이나 역량이 부족한 것 같다. 많은 검사들이 자신의 직업에 자부심을 가지고 공정한 수사를 하기 어려운 한계에 맞닥뜨린다는 사실을 느끼고 있을 뿐이다. 그러니 국민들도 검사들이 공정하게 기소하고 수사한다고 느끼기 어려울 것이다.

판사 :
바빠도 너무 바쁜 판사님

● 10년 이상 판사 생활을 한 친구들을 만나면 딱 자기 결론을 정해놓고 남의 말은 틀리다고 생각하고 그런 경향이 있어요. 우스갯소리로 판사와 교수가 배우자감으로 최악이라는 말이 있지. 왜냐하면 직업상 누구 눈치 보고 비위 맞춰주고 그런 게 없으니까…… 남의 얘기 듣는 것도 싫어하고. (A씨, 변호사)

● 판사들이 권위적이라는 것을 느낄 때가 많아요. 한번은 할머니인데 며느리가 아이를 두고 집 나가서 이혼하고, 아

들은 죽고, 어릴 때부터 할머니 혼자서 벌어가며 어렵게 손자를 키우다가 손자는 계속 사고치고 다니고…… 그러다가 사정이 너무 어려워진 할머니가 며느리를 상대로 양육비를 청구하려고 한 사건이 있었는데…… 젊은 여자 판사가 법정에서 그 할머니를 막 윽박지르면서 "이게 사건이 되겠어요? 손자를 잘 키우지도 못했으면서……"라면서 소송을 취하하라고 대놓고 말하고 할머니는 법정에서 나와서 너무 속상해하면서 저 젊은 판사가 뭘 알고 그런 말을 하느냐고 억울해했어……또 법정에서 증인에게는 거짓말하지 말라고 하고, 변호사에게는 왜 이런 걸 물어보고 그래요라고 대놓고 면박 주는 판사도 있고…… 그런 판사들이 많은 것은 아니지만, 재판하다보면 종종 있는 일이죠. (P 씨, 변호사)

그럼, 판결을 내리는 판사들 얘기를 해보자. 우선 우리나라 판사들은 너무나 바쁘다. 업무량으로 치면 판사의 업무량은 법조계에서는 단연 선두(일부 로펌 변호사들을 제외하고는)를 차지할 것이다. 한 명의 법관이 1년간 처리하는 본안 사건은 평균 1000건이 넘고, 대법관 1인당 사건 처리 건수는 2176건(2009년 통계)으로 주말을 포함해 하루 평균 여섯 건 이상의 사건을 처리하는 셈이라고 한다. 인간으로서 이 정도 분량의 사건을 제대로 처리할 수 있는가, 의문이 들지 않을 수 없다. 당사자와 사건의 실체적 진실을 제대로 헤아려 납득할 수 있는 판결을 내리기 힘든 것도 당연하다. 많은 판사들은 엄청난 업무량에 짓눌려 변호사들이 정리한 사실관계에 법조문을 적용하는 '판결문제조기'로 전락하는 경우가 많다. 게다가 그렇게 작성된 판결문은 평범한 국민들이 이해하기에는 너무나 어려운 장문의 관용어와 전문용어로 도배되어 있다.

하지만 지나친 업무량만으로 판사들의 판결을 정당화할 수는 없다. 국민들이 판결에 납득하지 못하는 가장 큰 이유는 재판 진행 과정에서 종종 보게 되는 권위주의적이고 일방적인 사건 진행 때문일 것이다. 그렇다면 법원은 왜 이렇게 권위주의적이고 소통이 어려운 집단이 되어버린 것일까.

지금까지 살펴본 것처럼, 법원 조직은 우리나라 최고의 법조 엘리트의 집합소라고 해도 과언이 아니다. 법조계에 입문하는 가장 우수하고 뛰어난 인재들은 당연히 법원으로 향하는 것이 오랫동안 일종의 관례가 되어왔다. 그들은 비교적 어린 나이에 사회 최고의 대우를 받으며 소위 엘리트 법관이라는 지위를 차지해왔다. 재임용 탈락이 매우 드문 예에 속할 정도로 확실한 신분보장을 받으며 사법고시와 연수원 성적이 우수한 법관은 어린 나이에 평생 보장된 엘리트 코스를 밟게 된다. 게다가 고위 법관으로 재직하다가 은퇴하고 변호사로 개업하면, 상상할 수 없는 수준의 수임료를 받으며 전관의 예우를 누리게 된다. 고위 법관 출신 변호사의 경우 개업 후 1년 안에 수십억 원을 손에 쥐는데, 어렵지 않은 얘기다. 더 재미있는 것은 이러한 평생에 걸친 엄청난 대우와 특권이 매우 이른 시기에 결정된다는 것이다. 최근에는 좀 달라졌다고 하지만, 10여 년 전까지만 하더라도 사법고시 및 연수원 성적이 거의 평생에 걸친 법원에서의 서열을 결정하는 가장 중요한 요소였다.

그렇게 젊은 나이에(대부분의 엘리트 법관은 이십대 후반에서 삼십대 초반 사이에 판사 생활을 시작한다) 평생의 부와 명예를 보장받고, 대한민국 최고의 배우자감으로 손꼽히며, 평생 누구의 견제나 간섭도 받지 않을 사람들이 바로 엘리트 법관들이다. 이런 과도한 특권을 보장받는 판사들에게, 인격 수양이나 자아 성찰을 기대하기란 어렵다. 실제로 내가 만났던 엘리트 판사들은 업무 능력과는 별개로 인간에 대한 이해심이나 겸손함 같은 미덕을 찾기가 너무나 어려웠다. 법조 생활이 길어지면서 많은 판사들이 소통이 어려운, 자기중심적이고 권위주의적인 사람이 되어간다는 느낌을 받게 된다. 판사 생활을 수십 년 이상 한 사람 중에 권위적이지 않은 분, 인격적으로 존경할 만한 훌륭한 분들을 찾기는 극히 힘들다는 결론을 내릴 수밖에 없었다. 하지만 이러한 판사들의 모습을 비난할 수는 없다고 생각한다. 수십 년에 걸친 특권을 일찍부터 자연스럽게 누리는 권력 집단에게 자기성찰이나 반성을 기대할 수 있겠는가. 이런 특권 의식은 과도한 업무량과 맞물려 대부분의 판사를 타인의 이야기에 귀 기울이기 힘든 권위적인 존재로 만들어버린다.

판사는 직업의 특성상 활발한 사교 생활을 하면 오해를 살 가능성이 높아서 직업이 다른 사람과 잘 어울리지 않는 편이다. 주로 판사들끼리만 어울리다 보면, 불필요한 오해를 사지는 않겠지만, 집단 내부의 권위주의나 특권 의식을 좀처럼 깨닫기 어렵다. 특히 엘리트 법관의 대다수는 비슷한 배경과 인맥을 공유하고 있어서(대부분 서울대 또는 서울대 법대, 명문 고등학교 출신이라는 공통점이 있다), 특권이나 권위가 몸에 밴 서로의 모습에 일찍부터 익숙해져 있는 경우가 많았다.

변호사의 눈으로 봐도 이 정도인데, 평생에 한두 번 법정을 찾게 되는 국민들은 어떻겠는가. 판사는 사건 당사자들에게는 신과 같은 존재인데, 아무리 말해도 귀 기울이지 않는 경우가 많고, 제대로 된 설명은 기대할 수가 없다. 법리적으로 중요한 쟁점이 아니라고 판단하면 발언도 막아버리고 아무런 설명 없이 증거 신청도 받아주지 않는 경우가 흔하다.

영화 〈부러진 화살〉에서 주인공인 김 교수와 변호인이 부러진 화살이 사라진 점, 박 판사의 조끼와 내의에는 혈흔이 있지만 와이셔츠에 혈흔이 없다는 점에 대해 문제를 제기하면서 조작 의혹을 제기하고 피해자인 박 판사의 혈흔 감정을 신청한다. 하지만 법원은 이미 쟁점은 다 입증되었다면서 혈흔 감정 신청을 끝까지 받아들이지 않는다.

관객들은 사건의 의혹이 남아 있는 상태에서 증거 신청을 받아들이지 않는 법원의 태도에 엄청나게 분노했지만, 사실 이런 일은 법정에서 흔히 일어난다. 법원 입장에서 석궁 사건을 보면 사건의 법률적인 주요 쟁점(가해자, 피해자, 피해)은 이미 1심에서 충분히 입증된 상태라고 볼 수도 있다. 가해자인 김 교수는 이미 석궁을 겨누고 판사에게 다가간 사실을 인정했고, 판사는 석궁에 맞았다고 인정했고, 진단서도 있다. 유죄가 너무나 분명한 사건이다. 2심에 와서야 혈흔 조작 의혹을 제기해봤자, 너무나 바쁜 판사들에게는 사건을 지연하려는 술책 정도로 보일 뿐이다. 당사자 입장에서는 너무나 중요해 보이는 증거라 하더라도, 법원 입장에서는 중요하지 않기 때문에 간단히 무시해버리는 일은 비일비재하다.

  실제 소송에서 판결문의 결론이 바뀔 수 있는 법리적으로 중요한 쟁점에 해당하는지 여부는 평범한 국민들은 판단하기 어렵다. 하지만 주장이나 증거를 분명한 설명 없이 배척해버리는 법원의 권위주의적이고 일방적인 태도는 법원에 대한 깊은 오해와 불신을 심어주고 있다. 유감스러운것은, 법원이 이런 현실을 잘 깨닫지 못하고 있다는 사실이다.

당사자 :

당신을 위한 법은 없다

- "법이라는 게 참 재밌다. 우리 같은 사람에게는 무섭고, 누구에게는 우습고." (드라마 〈추적자〉에서 미연의 말)

- "나요, 나 법은 이제 안 믿습니다. 나만 믿습니다." (드라마 〈추적자〉에서 백홍석의 말)

- 주변에 법조인도 없고 법을 잘 모르는 사람들은 그냥 막연히 법조계는 전관예우가 작용한다 그렇게 믿게 되는 거죠. 막 옷을 벗고 개업한 법원장 출신 변호사님과 같이

동업을 한 적이 있었는데, 1심에서 전관 출신 변호사를 썼다가 패소한 사람이 2심을 맡기려고 찾아온 거예요. 사건 설명을 듣고 어려울 것 같다고 하니까. 왜 막 옷 벗은 사람이 그것도 못 하냐고…… 나중에 알고 보니까 전관 출신 변호사들만 찾아다니면서 더 강력한 사람을 찾는다고…… (P씨, 대형 로펌 변호사)

법률 지식이나 아무런 배경도 없는 평범한 서민이 민형사 사건의 당사자가 되었을 때 만나게 되는 사람은 불친절하고 설명에 인색한 변호사, 권력에 휘둘리는 검사, 그리고 권위적일 뿐 아니라 너무나 바쁜 판사들이다. 사건이 진행되는 동안 도대체 뭐가 문제인지, 무엇을 다투어야 하는지 누구도 제대로 설명해주지 않는 경우가 태반이다. 그나마 운이 좋아서 바라는 결과를 얻으면 다행이지만, 그렇지 않을 경우 이를 받아들이고 납득하기란 어려운 일이다.

물론 사람들은 누구나 유리한 점을 주로 기억하고 자신에게 유리한 쪽으로 해석하는 경향이 있기 때문에, 어떤 사건이든 자신에게 불리한 결론이 내려지면 반감을 갖게 마련이다. 하지만 우리나라에서 재판 과정을 경험한 많은 사람들은 사건의 쟁점과 진행에 관해 한번도 제대로 된 설명을 듣지 못하는 경우가 대부분인 데다 사건 진행에서도 철저히 배제될 때가 많다. 또 사건의 결과물인 판결문도 법률 소양이 없는 평범한 국민들은 해석하기 힘든 너무나 관념적이고 전문적인 글이기때문에 사건 당사자는 처음부터 끝까지 어떻게 진행되는지 이해하지 못하는 상태에서 예기치 않은 결론에 맞닥뜨리는 경우가 많다. 나중에 항소나 상고를 하여 2심, 3심에서 다투어봐도 너무 바쁜 법원은 새로운 주장이나 증거를 인정하는 데 인색하고 결론이 뒤바뀌는 일은 드물다.

결국에는 패소 확정 판결을 받고 나서야 당사자는 "내가 돈과 권력이 없어서 억울하게 당했구나!"라는 나름의 결론을 내리게 되는 것이다. 뉴스나 신문에서 전관예우, 사회 권력층에 대한 납득하기 힘든 낮은 형량, 법조 비리 사건 등을 접하면서 이를 자신의 경험과 동일시하는데, 그럴수록 억울하게 당했다는 믿음은 더욱 굳어진다.

물론 사법 피해자라고 주장하는 사람들이 모두 억울한지는 사실 좀 의문이다. 가끔씩 만나게 되는 이른바 사법 피해자 중에서는 주요 법석 생섬을 제대로 파악하지 못하거나 이해하지 못하는 사람들이 많았고, 실제 수사 진행이나 판결의 결과가 법률적 관점에서 크게 잘못돼 보이지 않는 경우들도 있었다. 하지만 분명한 것은 우리나라의 변호사, 검사, 판사들이 수사 및 재판 과정에서 많은 국민들로 하여금 납득할 수 없는 억울함을 느끼게 한다는 사실이다. 의뢰인에게 무관심하고 사건을 충분히 설명해주지 않는 변호사, 권력층과 연계되어 정의롭고 공정한 법집행에 무관심한 검사, 과도한 업무량과 특권 의식 때문에 법적 쟁점이 아닌 사안은 철저히 무시하는 판사들이 담당하는 사건의 진행 과정을 보면 당사자들이 억울하다고 하소연하는 것이 당연해 보일 정도다.

이런 이유로 우리나라에서 권력이나 부와 거리가 먼 서민들은 법적 분쟁을 해결하는 과정에서 대부분 억울함을 느끼고 불만을 품게 마련이다. 이런 감정은 뿌리 깊은 전관예우, 유전무죄 무전유죄 관행과 맞물려 국민들이 법조계 전반에 대한 깊은 불신과 의혹을 갖게한다.

또한 법조계뿐만 아니라, 교육, 행정, 경제 등 여러 영역에서 국가기관이 돈과 권력을 가진 자에게 유달리 관대하고 그렇지 못한 자들에게는 불공정하게 운영되고 있는 것이 사실이다. 공정하지 못한 사회, 강자에게 관대하고 약자에게 가혹한 사회가 실제로 우리의 현실이라는 얘기다. 사회적 약자인 서민들은 그들의 삶속에서 불공정하고 억울한 대우를 받은 경험 때문에, 수사나 재판 과정에서 경험하는 권위적이고 불친절한 법조인들에게 더욱 상처받게 된다. 우리나라의 평범한 서민들에게 법조인들은 더 이상 법과 정의를 수호하는 사람들이 아니라, 돈과 권력, 기득권을 보호하는 수호자로 느껴질 뿐이다. 그래서일까, 억울하고 납득할 수 없는 판결을 받은 후 권총 한 자루를 손에 들고 법정을 겨누는 드라마 〈추적자〉의 형사 '백홍석'의 모습에 카타르시스를 느끼게 되는 것은.

4장

왜 갈수록 법조계는 보수화 되는가?

모범생 기질을 타고난

여기까지 글을 읽다 보면, 법조인들이란 오만하고 권위적이며 자기중심적인 자들이 아닌가 하는 편견에 사로잡힐지도 모르겠다. 지금 하려는 얘기는 좀 다르다. 놀랍게도 집단적으로 보여주는 권위주의와 오만함 등 여러 문제들에도 불구하고 대다수의 법조인들은 개인으로써는 매우 성실하며, 인간적으로도 비난하기 힘든, 상당히 윤리적이고 도덕적인 사람들이다. 그렇기 때문에 더욱더 법조계 일반에 대한 국민들의 비난을 객관적·합리적인 비판으로 받아들이기 힘겨울 터다. 대부분의 법조인은 최근 비난을 받는 것처럼 비도덕적이거나 윤리적으로 타락한 사람들이 아니라는 말이다. 집단적으로는 권위적이고 오만하지만, 개인적으로는 성실하고 윤리적인 사람이라는 이런 모순은 왜 발생하는 것일까?

  원인은 여럿 있을 것이다. 우선 말해두자면, 대부분의 법조인들은 본질적으로 모범생이다. 사실 당연한 얘기다. 인생을 모범적으로 살아오지 않는 이상, 우리나라에서 사법고시에 합격하기는 불가능에 가깝다. 수십만 명 중에 한 명 나올까 말까 하는 엄청난 수재가 아닌 이상 어려운 일이다. 그만큼 사법고시는 장시간 자신을 억누르는 각고의 노력과 성실성이 없으면 합격하기 어려운 시험이다. 따라서 법조인들은 대부분 자라면서 부모님이나 선생님의 말씀을 크게 거스르지 못하고 착하고 성실하게 살아온 모범생 기질을 가지고 있다. 성실성과 온순함, 튀지 않는 성정의 소유자들로, 대부분 성실할 뿐 아니라 사회 일반에 비해 규범에 잘 순응하는 윤리적인 사람들이다.

  그리고 법조인들은 사법고시에 합격하는 순간부터 엄청난 대우를 받고, 특별한 사정이 없는 한 법조인 신분이 평생 유지되므로 비굴하게 살아야 할 이유도 없는 편이다. 그래서 성공하기 위해 때론 수단 방법을 가리지 않아야 하는 우리 사회의 많은 사람들과 달리 법조인들은 훨씬 점잖고 온화한 사람일 수밖에 없다.

실제로 내가 법조계에서 10여 년 동안 활동하며 만나본 법조인들 중에서 인간적으로 비도덕적이라거나 비윤리적이라고 할 만한 사람은 드물었다. 성공을 위해서 수단 방법을 안 가리거나 치사하게 이익을 추구하는 법조인 역시 찾아보기 힘들었다. 사회생활을 하다 보면 대부분 겪게 된다는 힘난한 일들(뒤통수 치는 후배, 실적을 가로채는 상사, 시기 질투하는 동기, 권모술수나 줄서기에 몰두하는 동료 등)도 법조계 내부에서는 비교적 드문 일이었다. 물론 인간적 갈등이나 권력다툼이 없진 않지만, 대부분의 법조인들은 원칙에서 벗어나지 않고, 성실하고, 같이 일하기에 그리 힘들지 않은 무난하고 온순한 사람들이었다.

그런데 아이러니하게도 법조계가 대체로 성실하고 성정이 점잖은 사람들이 모여 있는 집단이라 집단 내부의 문제들에 지나치게 관대한 것 역시 사실이다. 같이 일하고 생활하면서 서로의 성실하고 점잖은 모습을 봐왔기 때문에 동료에 대한 이해심이 깊고, 과오에 너그러웠다. "그분이 원래 그럴 분이 아닌데." 법조계에 뭔가 문제가 생길 때마다 주변에서 흔히 들은 얘기였다.

또한 법조인이 대개 성실하고 모범적이라는 특성으로 인한 한계도 분명 존재했다. 법조인들은 모범생 기질이 있어 튀는 것을 싫어하기 때문에 보수적인 경향이 강했고, 집단 내부에서 조금이라도 눈에 띄는 행동을 하면 용납하지 못했다. 조직의 발전을 위한 건전한 비판이나 조직 내부의 문제에 대한 반성도 쉽게 공감하거나 인정하지 못하는 경향이 강하다. 법조계 내부에 잘못이 있을 수도 있다는 점을 인정하지 않고, 집단 내의 질서를 수호하려는 경향 또한 강했다.

이런 보수적인 경향은 특히 서열과 성적에 기반을 둔 위계질서가 형성되어 있고 조직 내의 변화가 적은 판사들의 경우 가장 심각해서, 조직에 대한 비판을 굉장히 불편해하고 어색해하는 이들이 많았다. 많은 판사들은 법원에 문제를 제기하는 것을 받아들이지 않고 변화를 두려워한다. 그래서 법조계에 대한 오해와 불신을 일으키는 문제점을 제대로 보고 인정하고 시정할 생각을 하지 못했다. 오히려 조직을 보호해야 한다는 욕구가 너무 강해서, 국민의 불신을 더욱 부채질하는데 이런 점을 제대로 인식하지 못했다.

최근에 발생한 서기호 판사 재임용 탈락도 법원 내부의 체제 수호적 특성이 잘 드러나는 사건이라 본다. 또 영화 〈부러진 화살〉이 개봉한 후에 법원에 대한 불신의 목소리가 드높았지만,

내가 본 대부분의 판사들은 이런 국민들의 불신을 인정하긴커녕 오히려 사법 테러와 법원의 권위 훼손을 걱정하곤 했다. 〈부러진 화살〉 개봉 이후, 법원에서 국민들과의 소통을 위한다는 명목으로 '소통 2012 국민 속으로'라는 행사를 개최하면서 신분증을 맡기고 금속탐지기를 통과한 사람들만 입장시키는 것을 보고 이게 무슨 소통이냐고 불만을 토로하는 시민들의 얘기를 들었다. 역시 모범적인 판사들로부터 나오는 생각의 한계라고 해야 하나. 진심으로 권위를 벗어버리고 국민들과 소통하는 아이디어는 내기 힘든 것일까.

모범생 기질을 타고난 법조인들의 장점과 한계를 옆에서 지켜보면, 요즘 도매급으로 비난을 받고 뭇매를 얻어맞는 법조인들이 때론 안타깝고 안쓰러운 마음도 든다. 친분이 있는 법조인 개개인을 떠올리면, 대부분 성실한 사회인으로 모범적으로 살아온 사람들이라 비난하기 어렵다. 그렇다고 현재 돌아가는 모습을 보고도 법조계에 문제가 없다고 할 수도 없는 노릇이다. 하지만 법조인들을 싸잡아 비난하며 부도덕적이고 부패한 집단으로 몰고 가서는 사법 불신과 법조계의 문제점을 해결할 수 없다고 생각한다. 냉정하고 차분하게 법조계의 어떤 구조적 문제점이 현재의 문제들을 낳고 있는지 고민하고 어떠한 개선책을 내놓을 수 있을지 함께 고민해보아야 한다. 이러한 반성과 성찰은 법조계 밖에서 뿐만 아니라, 내부에서도 필요하다.

워낙 형량가지고
말들이 많으니까

● 워낙 형량가지고 말들이 많으니까 법원에서는 아예 기준을 세세하게 만들려고 해. 전과가 몇 범이면 몇 점, 합의 했으면 몇 점, 못 했으면 마이너스 몇 점. 점수 나오면 징역을 살 건지, 집행유예할 건지. 판사들 입장에서는 이렇게 기준이 딱 생기면 오히려 편하지. 사건 내용 일일이 신경 쓸 필요가 없으니까. 그런데 그게 실체적 정의에 부합하는지는 좀 회의가 들기도 하고…… (D 씨, 판사)

많은 국민들이 사법부를 불신하고 불만을 갖게 되는 이유 중

하나가 형량의 문제인 듯하다. 같은 범죄에 대해서도 형량이 너무나 다르고 특히 사회적인 지위가 높거나 돈이 많은 피고인의 경우 형량이 지나치게 가볍다는 의구심을 감추지 않는 국민들이 많다. 물론 고위 공직자나 재벌을 비롯한 기득권층에 대한 처벌이나 형량이 우리나라의 경우 유독 가벼운 것은 사실인 듯하다.

하지만 기득권층에 대한 관대함은 별론으로 하고, 강력범죄자의 처벌에 관한 국민들의 오해와 분노는 좀 우려스럽다. 많은 국민들이 언론매체에서 접하는 강력범죄자(주로 살인, 강도, 강간 피의자 등)들에 대한 처벌이 지나치게 가볍다는 점에 분노를 터트리고, 판사들이 특정 범죄(특히 성범죄)에 너무 관대하다고 비난하곤 한다. 하지만 형량에 관한 이런 분노는 조금 섣부른 경우가 많다. 단순히 신문이나 뉴스에서 접하는 내용만으로는 사건의 실체적 진실이나 사건 뒤에 숨은 사연 등을 알기 어렵기 때문이다.

얼마전 퇴임한 이용훈 대법원장의 인터뷰 중 인상적인 구절이 있어서 옮겨본다.

- 형사재판 과정에서 한 사람 한 사람의 절박한 삶, 그럴

수밖에 없었던 이유 등을 어떻게 양형에 반영할 수 있는지 고민을 많이 했다. 20~30년 전의 소소한 사건들이 기억에 오래 남는다. 30여 년 전 형사 단독 판사 때 사건인데, 택시기사가 근무 뒤 한잔하는 술집에 좋아하는 여자가 있었다. 여자가 싫다고 하니까 소주병을 깨서 들이댔다. 큰 상처도 안 났는데, 야간에 흉기를 든 데다 이 사람이 집행유예 기간이어서 실형을 피할 수 없었다. 그런데 이 사람에겐 초등학교 1, 2학년 아이만 둘 있었다. 아빠가 구속된 뒤 애들이 학교에 안 나오니까 담임선생이 찾아갔더니 겨울에 냉방에서 생쌀을 먹고 있더라는 것이다. 담임선생을 법정에 불러 증언을 듣고 공판 관여 검사에게 공소장을 변경할 수 없느냐고 넌지시 물었다. 검사가 공소장 변경을 해줘서 벌금형을 선고할 수 있었다. 나중에 아이들이 학교 잘 다닌다는 편지도 받았다.

이 사연도 겉으로만 보면, '야간 흉기 휴대 상해'라는 강력범죄를 저지른 범죄자를 죄명까지 변경해가며 솜방망이 처벌로 풀어순 사례이다. 하지만 사건 뒤에 숨은 사연을 보면 판사의 인간적인 고뇌와 결단이 충분히 수긍할 만하다. 실제로 많은 형사 사건을 들여다보면, 사이코패스라고 불릴 만한 냉혈하고 사악하기만 한 범죄자는 드물고, 눈물 없이는 들을 수 없는 구구절절 안타까운 사연을 가진 나약한 인간들도 많다. 물론 그런 이유로 죄를 옹호할 수는 없겠지만, 범죄에 이르게 된 사정이나 사건의 내막 등을 고려해 사건에 따라 다른 형량을 선고하는 것은 충분히 납득할 만한 일이다.

사실 다른 나라에 비해 우리나라의 형량은 결코 가벼운 편이 아니다. 선진국 중에서는 미국이 좀 특이하게 형량이 높은 편이고, 사형제가 폐지된 국가의 수는 전 세계의 3분의 2에 이른다. 심지어 작년에 일흔여섯 명의 사상자가 발생한 최악의 총기 난사 사건으로 몸살을 앓은 노르웨이의 경우 법정 최고형이 21년에 불과해서 법관들이 판결을 내리기 곤혹스러울 정도라고 하지 않는가. 그런데 유례없이 형량이 높은 미국의 경우, 강력범죄율 또한 선진국 가운데 비할 바 없이 높은 편이라는 점도 주목할 필요가 있다. 미국 내에서도 사형제를 폐지한 주(미국은 주마다 법이 다르다)의 강력범죄율이 사형제를 유지하는 주보다 낮다는 통계도 있다.

이런 것들을 보면, 강력한 처벌이 범죄율을 낮추거나 예방하는 데 큰 도움이 안 된다는 사실을 알 수 있다. 우리나라의 경우

OECD 가입 국가 중에서 사형제가 유지되는 몇 안 되는 나라이고, 중요 범죄에 대한 형량도 결코 가볍지 않은 편이다. 그런데도 최근에 강력범죄가 점점 늘어나는데 그 이유는 사회적 불평등과 불안 때문일 것이다. 처벌을 강화한다고 해서 해결할 수 있는 문제는 결코 아니다. 불평등한 사회일수록 폭력이 만연하고, 강력범죄와 살인이 증가한다는 것은 이미 여러 통계나 연구를 통해서도 입증된 사실이다.

이처럼 형량 문제에 있어서는 일반 국민들의 정서와 달리 법원의 솜방망이 처벌이 문제인 경우는 드물지 않나 생각된다. 그런 면에서 법원이 범죄자에게 너무 관대한 판결을 내린다고 섣불리 비난해선 안 될 듯하다. 하지만 기득권층에 대한 법원의 관대한 태도는 또 다른 문제이다.

전관예우는 어디까지?

● 사실 전관예우에 대한 인식은 변호사들이 조장한다고 봐야 돼요. 사건이 오면 자기가 맡고 싶으니까 내가 그 판사를 잘 아는데…… 동기인데…… 잘 아는 후배인데…… 이러면서 뭔가 사건에 영향을 줄 수 있을 것처럼 말하는 거죠. 그런 게 잘 통하거든요. 그러다가 자기가 아는 판사가 없으면 이젠 전관예우 같은 거 안 통한다고 말을 바꾸기도 하고.
(A씨, 변호사)

● 명백한 사건은 전관예우가 별로 작용을 안 합니다. 그렇

지만 결론이 어떻게 날지 아주 애매한 경우, 아리까리한 사건, 또 기존에 선례가 없는 사건 같은 건 전관이 맡는 게 확실히 영향이 있다고 봐요…… 판사실 출입이 자유로웠을 때는 그냥 막 드나들고, 전화도 많이 하고…… 지금은 출입이 통제되고 기록이 다 남으니까 어렵겠죠. 그래도 아주 친하면 은근히 언질을 준다고 그러더라고. 예를 들면, "피해보상하면 집행유예가 나올까?" "실형이 확실한 건가?" 이런 건 사실 당사자들이 제일 궁금해하는 건데 슬쩍 물어보면 알려주고…… 또 변호사는 이걸 의뢰인에게 잘 얘기하고, 그럼 의뢰인은 아…… 내가 판사랑 잘 아는 변호사를 선임해서 덕을 보는구나 이렇게 믿게 되는 거죠. (G씨, 개인 변호사)

● 전관예우, 물론 존재하죠. 늘 그런 건 아니지만, 전관 아닌 변호사 입장에서는 열받는 사건들이 좀 있어요. 1심에서 우리가 승소하고 상대방이 항소해서 2심에 갔는데, 2심 변호사가 전관이었어요. 상대방이 질 것이 뻔한 사건인데 결심을 안 하고 계속 조정에 회부하는 거예요. 두 번이고, 세 번이고, 성립 안 되니까 다섯 번까지 조정에 회부하는 거야. 전관 변호사에게 소송비용이라도 좀 건지라고…… 우

리는 억울한데 판결을 안 내려주니까 울며 겨자 먹기로 그냥 돈 조금 물어주기로 조정을 한 거지. 황당하지 그런 사건은…… (A 씨, 개인 변호사)

● 왜 전관예우가 존재할까? 인맥이 알게 모르게 영향을 주기도 하지만, 난 판사들이 좀 대형 로펌 눈치를 보는 것같이 느낄 때도 있어. 판사들도 승진에서 밀리면 언젠가는 옷을 벗는다고 생각하는데, 제일 가고 싶어 하는 곳이 대형 로펌이거든. 그런데 대형 로펌에 있는 전관들에게 말 안 통하는 판사로 찍히면 나중에 가기 힘들어지니까 대형 로펌에서 전관 출신 변호사가 가져오는 사건은 좀 신경을 쓸 수밖에 없는 거야. (G 씨, 대형 로펌 변호사)

국민들이 법조계를 극도로 불신하는 가장 중요한 이유가 바로 '전관예우' 때문일 것이다. 최근 설문조사에 따르면 국민의 77퍼센트 이상이 우리나라 법원은 공정하지 않고, 전관예우라는 관행이 있다고 믿고 있다. 영화 〈도가니〉에서는 부장판사 출신 전관 변호사가 가해자인 교장과 교사들의 변호를 맡아 사건을 유리하게 끌고 가는 장면이 나오고, 드라마 〈추적자〉에도 대법관 출신 전관 변호사가 억울하게 죽은 소녀의 죽음을 조작하여 의뢰인이 무죄를 받도록 하는 장면이 나온다(공교롭게도 두 변호사 역할을 맡은 배우는 동일인이다). 마치 우리 주위에서 흔히 일어나는 일처럼 시청자와 관객들은 이 장면에 공감한다.

그런데 전관예우에 대하여 대다수 판사들은 "전관 출신 변호사가 사건을 맡는다고 해서 특혜를 주는 전관예우는 더 이상 없다"라고 주장하고, 많은 법조인들은 적어도 사건의 결론이 뒤바뀔 정도의 전관예우는 이제 존재하지 않는다고 단언한다. 또한 전관 출신 변호사들의 승소율이 높은 이유는 전관 출신 변호사들이 사건을 가려서 수임하기 때문이라고 주장하는 판사들도 있다. 그렇다면 전관예우를 두고 국민들과 판사들의 생각이 이렇게 다른 이유는 무엇일까.

우선 몇 가지 통계자료를 보면, 국민들의 '전관예우'에 대한 의심이 전혀 근거가 없진 않다는 점은 분명해 보인다. 예를 들어 2000년대 중반의 자료에 따르면, 대법관 출신의 변호사가 맡은 대법원 사건의 경우 심리불속행으로 기각(대법원까지 올라간 사건이 실체 판단에도 이르지 않고 종료되는 것을 말한다)되는 비율이 10퍼센트 미만으로 대법원 사건의 일반적인 심리불속행 기각율(약 40퍼센트)의 4분의 1에도 미치지 않았다. 다시 말하면, 대법관 출신 변호사가 맡은 사건은 대부분 대법원에서 본안 판단을 받을 수 있다는 얘기다. 대법관 출신 변호사가 대법원 사건에 미치는 영향력은 이처럼 무시할 수 없는 수준이다. 대법관을 퇴임하고 변호사로 개업하면 사건이 몰려들어 1년에 수십억 원의 재산을 모으는 것도 어렵지 않은데 어찌 보면 당연한 결과다. 이런 통계를 보면서 과연 어떤 국민이 '전관예우'가 사라졌다는 판사들의 주장을 신뢰할 수 있겠는가.

그러나 판사들의 주장도 전혀 수긍이 안 가는 바는 아니다. 실제로 내가 변호사로 활동하면서 '전관예우' 관행이 있다는 확신을 얻은 사건은 많지 않았다. 특히 노골적으로 금품이 오가거나 외압이 작용하는 사건은 적어도 최근에는 극히 드물고 경험하기 어렵다는 것이 법조계에 몸담은 사람들 이야기였다. 법원이 우리 사회의 권력집단 중에서는 비교적 청렴한 축에 든다는 판사들의 주장에도 대체로 동의하는 편이다.

뇌물이나 외압에 의해 재판이 편파적이고 불공정하게 진행되진 않지만, 법조계에서 실제 발생하는 '전관예우'는 훨씬 우회적이고 간접적인, 그 당사자인 변호사나 판사들조차 잘 의식할 수 없는 방식으로 일어나는 것 같다.

이미 얘기했듯이 법조계, 특히 고위 법조인들은 대부분 학연, 인맥으로 얽혀 있는 매우 친밀한 관계이다. 한두 사람만 거치면 어렵지 않게 다른 법조인을 개인적으로 알 수 있다. 더구나 같은 조직에서 잠시라도 함께 근무한 사람이라면 모르는 게 오히려 이상할 정도다. 따라서 판사를 하다가 개업한 변호사의 경우에는 많은 판사들이 '정말 잘 아는 사람'이고, 학창 시절이나 연수원 시절부터 알아온 동료이자 친구이자 선후배 관계이다. 그런 끈끈하고 친밀한 인간관계 때문에 전관 출신 변호사가 자신이 진행하는 사건에 관하여 '잘 아는 사람'인 판사에게 연락을 해서 "이러저러한 사건이 있는데 내용을 한번 좀 살펴봐 줘" 정도의 이야기야 어렵지 않게 할 수 있다. 이런 일은 실제로 자주 일어난다. 이런 부탁을 받는 판사들도 '정말 잘 아는 사람'의 일상적인 대화 정도로 생각하지, 청탁이나 외압으로 받아들이는 경우는 매우 드물다.

 그런데 문제는 많은 판사들이 엄청난 양의 사건을 처리하며 격무에 시달리기 때문에 이렇게 '잘 아는 변호사'가 부탁해서 '잘 살펴볼 수 있는' 사건의 수는 한정되어 있다는 것이다. '잘 아는 변호사'의 부탁을 받아 작정하고 원래 생각했던 사건의 결론을 변경하거나 유무죄 판단을 변경하는 일이야 드물 것이다. 하지만 부탁을 받게 되면, 그 사건을 한 번은 더 신경을 쓰게 되고, '잘 아는 변호사'가 쓴 서면을 좀 더 열심히 읽어보게 되고, '잘 아는 변호사'가 제출하는 증거를 쉽게 거부할 수는 없지 않겠는가. 또 '잘 아는 변호사'의 체면을 생각해서 불구속으로 사건을 진행하거나, 보석을 받아주거나, 유죄가 내려져도 법정구속은 하지 않는다든지 하는 일들도 발생한다. '전관예우'란 이렇게 '서로 잘 아는' 법조인 사이에서 간접적이고 우회적으로 작은 영향력을 행사하는 관행인데, 이런 작은 영향력이 사건의 실체 판단이나 결론에 생각보다 큰 영향을 미칠 수 있다는 것이 문제이다.

결론적으로 과거의 관행은 잘 모르겠지만, 현재 우리나라 법조계에서 '전관예우'란 부패하고 부정한 권력집단의 비리 수준으로 발생하고 있지는 않은 듯하다. 하지만 법조계 특유의 인맥을 이용하여 '전관' 출신 변호사들이 행사하는 간접적이고 우회적인 사실상의 영향력은 실제로 존재한다는 점은 인정하지 않을 수 없다. 문제는 인맥으로 얽혀서 공과 사를 구분하기 쉽지 않은 우리나라 법조계의 특수성 때문에 국민들은 계속하여 '전관예우'가 통한다고 믿으며 사법 불신을 키워왔다. 반면에 법조인들은 이러한 국민들의 문제 제기를 좀처럼 수긍하거나 반성하지 않는다. 결국 법조계와 국민들 사이의 이러한 간극은 사법 불신을 더욱 키우는 요인이 되어왔다.

유전무죄,
무전유죄

● 제가 국선으로 맡은 사건 중에 노숙자인데 누가 벤치 위에 두고 간 가방이 있어서 그걸 들고 갔는데 경찰한테 딱 걸려서 구속이 돼버렸지. 가방 안에 특별한 물건도 없었고, 그 사람도 그냥 버려져 있길래 들고 간 건데 실형 징역 10월이 나왔어요. 주거부정에 변변한 직업도 없고 가정도 없으니까…… 과연 이 사람이 직업도 있고 가족도 있고 했으면 과연 이런 판결이 나올 수 있을까 싶더라고요. 반면에 좀 살 만한 집의 자식이거나 돈 좀 있거나 하면 실형이 잘 안 나와요. 사회적 유대관계가 있고 등등의 이유를 들어서 웬만하

면 집행유예로 해주고…… 어떤 면에서는 선입견이 작용하는 것 같기도 하고, 당사자 입장에서는 너무 억울하죠. (P씨, 42세, 개인 변호사)

● 자본주의 사회에서는 돈을 많이 써서 좋은 변호사를 쓰면 좋은 결론이 나오는 건 어쩔 수 없는 거 아니에요? 그런데 돈만 있으면 다 되는 게 아닌가 싶은 사건도 있지. 이름만 대면 알 만한 다국적 제약회사가 작은 사진관 주인이 자기 회사 약 이름을 도메인으로 쓰고 있다고 상표법 위반으로 건 사건이 있었는데 국내 유수의 대형 로펌이 이걸 맡았지. 사진관과 약은 전혀 관련이 없으니까 오인 가능성이 없다고, 1심에서는 당연히 사진관 주인이 승소하고, 근데 2심으로 갔는데 너무 명백한 사건인데 판사가 판결을 안 하는 거야. 아무리 기다려도…… 1년 넘게 질질 끌었어. 어이가 없었는데, 알고 보니까 벌써 대기업들이 로비를 해서 국회에서 법개정안이 올라가 있었던 거야. 법이 통과돼서 서로 다른 분야의 경우에도 상표법 위반을 걸 수 있게 딱 법이 바뀌니까 그제야 변론을 종결하고 변론 종결 시 법을 적용해서 사진관 주인이 패소를 하게 된 거지…… 이미 대형 로펌에서는 법 바뀌는 거 다 알고 판사에게

기다려달라고 한 거 아니겠어? (G씨, 개인 변호사)

● 형사 사건을 해보면 우리나라에서 무죄판결 받기 얼마나 힘든지 알 수 있지. 판사들이 그냥 딱 유죄라고 결론을 내려놓고 시작할 때가 많아. 그래서 엄청나게 치열하게 다투지 않는 이상 무죄판결 받기는 거의 어렵다고 봐야 하는데, 돈 많이 써서 잘나가는 전관 출신 변호사를 선임해서 치열하게 다투지 않으면 이런 건…… 그나마 국민참여재판이 생긴 다음에 무죄율이 좀 높아지는 것 같아. (K 씨, 중소 로펌 변호사)

'전관예우'만큼이나 법조계에 대한 대표적인 의혹은 '유전무죄, 무전유죄'라는 격언 아닌 격언이다. 즉 법조계가 돈이나 권력 있는 자들에게는 유독 관대하고, 없는 이들에게는 상대적으로 가혹하다는 인식이다. 실제로 재벌 총수나 집권당 정치인 같은 실세에게 유독 가벼운 형량이 내려지는데, 이것이 우리나라 법원 판결의 특징 중 하나임을 부인하기는 어렵다. 사법부가 국민들의 신뢰를 잃은 것은 어찌 보면 당연하다.

참여연대 사법감시센터는 2006년 7월에 2000년 이후 배임,

횡령 기업인 범죄에 대한 판결 사례를 조사해서 발표했는데, 이는 2000년 이후 사회적으로 많은 관심을 불러일으켜 이슈가 되었던 '특정경제범죄가중처벌 등에 관한 법률'상 배임, 횡령 혐의로 기소된 기업인 예순아홉 명에 대한 판결 사례를 조사하여 분석한 것이다. 그 결과 1심에서 집행유예형이 선고되거나 2심(항소심) 이후 집행유예가 선고된 경우는 전체 예순아홉 명 중 쉰다섯 명인 79.7퍼센트로 나타났다. 또한 어느 언론의 보도에 따르면, 1990년 이후 자산 기준 10대 재벌 총수 가운데 일곱 명이 총 22년 6개월의 징역형 판결을 받았으나 모두 집행유예를 받았고, 집행유예된 처벌마저도 예외없이 사면받았으며, 사면받기까지 걸린 시간도 고작 평균 285일에 불과했다.[1]

---

[1] 예를 들면 이건희 삼성그룹 회장은 노태우 전 대통령 비자금 사건으로 1996년 8월에 징역 2년, 집행유예 3년을 받았지만 402일 만에 사면됐다. 이어 그는 김용철 변호사의 양심선언으로 시작된 삼성특검에서 2009년 8월 배임, 조세포탈 사건으로 징역 3년, 집행유예 5년을 받았고, 139일 만에 사면을 받았다. 정몽구 현대차그룹 회장은 비자금 조성 및 횡령 사건으로 2008년 6월 징역 3년, 집행유예 5년의 선고를 받았다가 73일 만에 사면됐고, 최태원 SK그룹 회장은 1조 5000억 원 대의 SK글로벌 분식회계로 2008년 5월 징역 3년, 집행유예 5년을 선고받았고 78일 만에 사면됐다. 그 밖에 박용성 두산그룹 회장, 조양호 한진그룹 회장, 김승연 한화그룹 회장 모두 집행유예 및 특별사면을 받았다. 징역 3년은 집행유예를 선고할 수 있는 최고형인데, 이런 이유로 모든 재벌총수는 묻지도 따지지도 않고 '징역 3년'이라는 통일된 형량을 선고받는 관례가 있다는 분석까지 있다. (〈이건희, 정몽구, 최태원의 공통점…… 정말 놀랍다〉, 오마이뉴스 2012년 2월 20일자)

미국의 경우 월드컴 CEO가 110억 달러의 분식회계를 저지르고 25년의 징역형을 선고 받았으며, 2001년 미국 최악의 회계 부정 사건을 저지른 엔론 사의 전 CEO 제프리 스킬링은 24년 4개월의 징역형을 선고받아 현재까지 감옥에 있다. 너무나 대조적이지 않은가. 이런 통계자료를 보면, 배임이나 횡령 같은 기업인 범죄에 법원이 너무너무 관대하다는 결론에 이르게 된다.

이유는 무엇일까. 그런데 많은 사람들의 생각과는 달리 권력층의 뇌물이나 청탁이 직접적인 원인이라고 하기는 어려운 듯하다(물론 고위 검사들에게는 정기적으로 뇌물을 상납하는 관행이 있다는 것은 앞서 본 '안기부 X 파일' 사건에서도 드러났지만 말이다). 판사들 역시 지방 유지나 변호사들로부터 종종 접대를 받기는 하지만, 이는 어디까지나 관례에 가깝고, 자신이 맡은 구체적인 사건과 관련해 금품을 수수하는 경우는 찾아보기 어렵다.

오히려 권력층에 유달리 가벼운 형량을 선고하는 중요한 이유는 법조인들이 오랫동안 우리 사회의 최상류층을 형성해오면서 권력층과 자신을 사실상 동일시하는 감수성을 가지고 있기 때문이 아닐까 하는 생각이 든다. 앞서 살펴본 것처럼, 고위 법조인들의 경우에는 비교적 균질한 학벌(서울대 법대), 인맥, 결혼 등을 통하여 상류층, 기득권층과 여러 면으로 끈끈하게 연결된 경우가 대부분이어서 자기 이웃이나 친구에게 가혹하기는 어려울 수밖에 없는 것이다. 법원이 재벌 총수들에게 솜방망이 처벌을 하면서 가장 많이 드는 이유가 "기업과 사회에 기여한 공"인데, 이처럼 판사는 기존 사회질서를 구축해온 사람들의 노고에는 지나치게 관대하고 이해심이 넓은 모습을 보인다. 재벌에 대한 실형 선고를 망설인 가장 큰 이유로 "우리나라 경제가 위기에 처할 위험이 있는데 도박을 할 수 없는 노릇"이라고 판결문을 쓴 판사도 있다.[2]

그런데 뇌물이나 청탁보다 '권력층과 자신을 동일시하고 관대하게 바라보는' 판사들의 무의식적인 사고가 훨씬 더 위험할 수 있다. 뇌물이나 청탁이 문제라면 철저한 감시와 처벌로 근절할 수 있지만, 판사들 대다수가 공유하는 무의식적인 사고방식을 뜯어고치기란 사실상 불가능에 가깝기 때문이다. 더구나 이러한 사고방식은 장기간의 인생 경험을 통해 형성되는지라 판사들은 자신이 이런 생각을 하고 있다는 것조차 인식하지 못할 수 있다. 어떤 판사도 자신이 공정하지 않은 판결을 내린다고 생각하지는 않을 것이다. 결과물은 분명 공정하지 못한데도 말이다.

---

[2] 정영무, 〈재벌에 너그러운 법원〉, 한겨레신문 2012년 8월 7일자 기사에서 발췌.

나는 판사들이 내리는 공정하지 못한 판결을 옹호하려는 것이 아니다. 하지만 이런 불공정한 판결에 대하여 "판사들은 모두 썩었다. 다 갈아치워야 한다"라고 흥분해서 비난하는 것은 올바른 해법이 아닐지도 모른다고 말하고 싶을 뿐이다. 분명히 권력층이나 부유층에 지나치게 관대한 판결이 계속해서 내려지고, 많은 국민들이 이러한 불공정한 판결에 분노하고 이를 비난하는데도 달라지지 않는 이유는 무엇일까. 단순히 비리 판사 한두 명의 문제라면 썩은 부분을 찾아내 도려내면 되겠지만, 문제는 생각보다 훨씬 복잡하고 뿌리 깊은 듯하다. 바로 판사들 대부분의 인식과 현실이 심각하게 괴리되어 있다는 것이다.

눈높이 차이

● "나 두 번 말 안 합니다. 최근에 옷 벗은 판사 출신 변호사를 선임해요. 부장판사면 더 좋구요. 변호사 선임될 때까지 찍소리 말고 있으라고요." (영화 〈도가니〉에서 경찰의 말)

● 전관이라고 봐준다고 그런 생각은 안 합니다. 오히려 전관 출신 변호사가 사건을 들고 왔는데 좀 유리하게 해줬다 그러면 상대방 당사자나 변호사가 더 난리인 경우가 많아서…… 실형을 내릴시 집행유예로 힐지 고민이 되는 사안에서는 집행유예 못 주는 경우도 종종 있어요. 전관유예는 이

젠 옛날 얘기죠. (C씨, 38세, 판사)

대부분의 법조인들이 주장하듯이, 우리나라 법조인들은 그리 부패하지 않았다고 나는 생각한다. 아니, 우리나라 사회나 다른 권력집단 일반에 비해서는 비교적 청렴할지도 모른다. 특히 법원의 경우, 구체적인 사건을 봐달라며 판사에게 직접 뇌물을 건네는 일은 극히 드물다. 나의 경험상 여기까지 동의한다. 그런데 문제는 표면적인 청렴함과 실제 법원의 공정함은 다른 문제라는 것이다.

지금까지 여러 통계자료에서 보았듯이, 실제로 전관 출신 변호사는 사건의 진행에 놀라운 영향력을 행사며, 권력층과 부유층에 대한 법원의 처벌은 매우 관대하다. 그런데 놀랍게도 많은 법관들은 자신의 판결이 불공정할 수 있다는 사실을 잘 인식하지 못한다. 바로 그래서 전관예우는 더 이상 존재하지 않고, 유전무죄 무전유죄도 오해라고 주장하는 것이다.

대다수 법조인은 매우 성실하고 모범적인 전문가로 우리 사회 다른 권력층에 비해 청렴하다. 그리고 특정 사건을 두고 뇌물을 건네는 일은 이제는 거의 찾아보기 어려워졌다고 생각한다. 그래서 법관들은 전관예우나 법원의 공정성에 의구심을 제기하는 목소리에 억울해하는 것이다. 하지만 법조계의 내면을 좀더 깊이 들여다보면, 공정하지 못한 판단을 내리는 원인도 하나씩 볼 수 있다.

법조계에 들어오면서 일찍부터 익숙해진 접대문화와 법조계 전반의 동질 의식 때문에 같은 조직에 몸담았던 동료들의 사정을 헤아려주고 작은 편의를 봐주는 게 자연스러운 관습이 돼 버린 것은 아닐까. 과중한 업무로 판사들이 모든 사건에 충분한 노력을 쏟기 힘든 상황에서 친구 또는 동료 출신 변호사들에게 제공하는 작은 편의들이 모여서 결국은 불공정한 판단 또는 전관예우에 이르는 것은 아닐까. 오랜 기간에 걸쳐 형성되는 뿌리 깊은 권위 의식 때문에 자신의 판단이 불공정할 수 있다는 사실을 애써 외면하거나 의식하지 못하는 것은 아닐까. 더 나아가 많은 고위 법조인들이 너무 오랜 세월 특권을 누리고 권위를 휘두르는 데 익숙해진 나머지 자연스럽게 자신을 권력층과 동일시하여 권력층에게는 관대하고 그렇지 못한 자들에게는 가혹한 판단을 내리고 있는 것은 아닐까. 이것은 어디까지나 나의 가정이고 가설일 뿐이다. 하지만 늘 대접을 받고 권위가 몸에 배인 자신을 냉철하게 성찰하시 못하는 법원의 모습을 경험하다 보면, 이러한 가설이 점점 설득력 있게 느껴진다.

예를 들면 아직도 많은 판사나 검사들은 아는 지역 유지 또는 친구인 변호사들로부터 식사나 골프 등을 대접받곤 했지만, 문제의식을 갖거나 이런 접대가 자신의 판단에 영향을 미칠 수 있다고 생각하는 법조인은 극히 드물었다.

자기 자신의 공정성을 지나치게 확신한달까. 오래전부터 접대를 받아온 인간관계의 연장선상으로 생각하거나, 공직자로서 마땅히 대접받아야 한다는 사고방식을 가진 이들도 종종 볼 수 있었다. 모임에서도 보통 돈을 많이 버는 사람이 지갑을 여는 우리나라 특유의 계산 문화도 이러한 관습에 영향을 미쳤을 것이다. 하지만 이러한 접대가 판단에 전혀 영향을 미치지 않는다는 법조인들의 강한 믿음은 별로 설득력 있게 느껴지지 않는다. 인간인 이상 자신을 위해 돈을 쓰는 사람에게 가혹하기 어려운 것은 인지상정인데, 많은 법조인들은 접대를 받으면서도 자신은 영향을 받지 않는다고 착각하는 듯하다. 법원의 공정성에 대한, 법조인과 국민들의 엄청난 인식의 차이는 여기서 출발한다.

법조인의 공정성에 대한 국민들의 강한 불신이 법조인들만의 잘못에서 비롯되었다고 볼 수는 없지만, 그렇다고 법조인들이 전적으로 결백하다고 말할 수는 없다. 우리나라 법조계의 구조적 모순(앞에서도 말했지만 일찍부터 형성된 법조계 내의 끈끈한 인간관계, 권위주의적이고 오만한 법원 분위기, 자연스럽게 받아들이는 접대문화, 고위층과의 인맥, 사회 지도층과의 동일시 현상)으로 인하여, 많은 법조인들은 불공정한 현실을 제대로 인식하지 못하고 있다. 국민들은 울분을 토하며 사법개혁을 소리 높여 외치고 있는데도……

사라진
독수리 오형제를 찾아서

● 법원이 점점 보수화가 되는 게 명백하죠. 소수자를 대변하고 진보적인 판결을 내리는 역할을 해야 한다는 사회적 분위기가 이제는 많이 사라졌으니까. 판사들 중에서도 정치적으로도 보수적인 쪽이 다수고…… 예전에는 자신이 보수적이라는 것을 대놓고 드러내는 일이 드물었는데 이제는 안 그렇죠. (T씨, 판사)

암울한 우리나라 근대사에서 권력의 시녀 노릇을 한 법원이 부당한 판결을 내려 피해자를 죽음으로 내몰았던 사건이 있었다. 대표적으로, 이승만 정권 때 유력한 야당 후보였던 조봉암 선생을 간첩으로 몰아 사형을 집행했던 진보당 사건이 그렇고, 박정희 대통령의 유신 시절 조작되었던 인혁당 사건도 그러하다. 이 사건들은 수십 년이 흐른 다음에야 과거사 청산을 위한 재심 판결에서 결론이 바뀌었다.

그렇다고 법원이 언제나 권력의 뜻을 추종하기만 했던 것은 아니다. 전두환 군사독재 시절 사법파동 때는 의식 있는 젊은 판사들이 권력에 항거한 바 있다. 판사는 다른 직업에 비해 신분보장이 확실하고 사회적 권위가 있기 때문에, 오히려 소신 있게 제 목소리를 내기 좋은 위치에 있다. 그렇기 때문에 법원이라고 해서 언제나 보수적인 역할만을 수행하는 것은 아니고, 사회 변화를 이끌어낸 훌륭한 판결을 종종 접할 수 있다. 특히 소위 386세대라고 불리는, 젊은 시절 민주화 운동을 경험하거나 목격하며 자라난 세대가 법원에 들어온 뒤에는 진보적인 판결이 많이 내려졌다.

우리나라 법원 특유의, 성적으로 서열화되고 정체된 법원 구조가 꼭 부정적인 영향만 미친 것은 아니다. 승진 구조가 서열화되고 안정적이라 판사늘이 그만큼 고위 법관이나 외부의 눈치를 덜 보게 되고 소신 있는 판결을 내리게 되는 측면도 분명히 있다고 본다.

하지만 최근 수년간 법원의 이런 분위기가 눈에 띄게 바뀌어 왔다. 가장 눈에 띄는 변화는 기득권층 출신의 판사 비율이 증가하고 있다는 것이다. 최근 통계에 따르면 신임 판사들 중 서울 강남 3구 출신이 40퍼센트에 이르고, 외고나 과학고 등 특목고 출신이 30퍼센트에 이른다. 이른바 기득권층의 자녀들이 판사 집단의 다수를 차지하기 시작하면서, 법원의 보수성향이 점점 강해지고 있다. 성향이 진보적인 법관들의 목소리는 점점 약해져가며 진보적인 판사들의 모임으로 알려진 '우리법연구회'의 활동도 사실상 중단되었다고 한다. 법관의 승진에서 평정의 비중이 높아지면서 판사들조차 조직과 상관의 눈치를 보는 경향이 심해졌다. 전반적으로 법원이 예전보다 보수화가 되고 있다는 사실은 부인할 수 없다.

1장에서 살펴본 신영철 대법관의 촛불 재판 개입과, 신영철 대법관에게 반기를 드는 데 앞장섰던 서기호 판사의 재임용 탈락이 최근의 법원 보수화 현상을 보여주는 대표적인 사건일 것이다. 작년에는 사법연수원을 4등으로 수료하고 노동 변호사로 일했던 변호사가 경력 법관 선발에 지원했다가 탈락한 사례도 있다.(개인적으로 아는 변호사이기도 한데, 변호사로 활동할 때도 능력이나 성품 모든 면에서 훌륭하다는 평가를 받았다.) 사법연수원을 막 마친 신입 법관 임용 시에는 성적이 판사 선발의 거의 유일한 기준이기 때문에 법원의 재량이 개입될 여지가 적지만, 경력 법관 선발 시에는 면접이 큰 비중을 차지하기 때문에 그만큼 선발권자인 법원의 재량이 크다. 그런데 전체 4등이라는 우수한 성적으로 연수원을 수료했기 때문에 신입 법관으로 지원했다면 탈락했을 가능성이 거의 없는 변호사가 노동 변호사로 활동하고 진보신당에 가입했다는 이유로 결국 탈락했던 것이다. 물론 법원에서 공식적으로 이유를 밝히지는 않았지만 말이다. 진보적이고 사회참여적인 사람들에 대한 법원의 거부반응이 명백히 드러난 처사라고 하지 않을 수 없다.

암울한 군사독재 시절에 한 가닥이라도 용기와 양심을 보여주려 노력했던 몇몇 판사들의 모습은 더는 찾아보기 힘든 옛 이야기가 되어가는 듯하다. 이제는 부와 권력을 세습하는 구조에서 최상위 계층을 차지하는 자들이 검찰이든 법원이든 최고 엘리트 계층에 포진하게 되었다. 그만큼 법원 내의 주류는 보수 성향을 띠며, 기득권의 질서와 이익을 수호하는 데 당당하고 거리낌이 없다.

법조계 내부에서 사회의 약자나 소수자를 위한 목소리를 찾아보기는 점점 더 어려워진다. 올해만 하더라도 '독수리 5형제'라고 불리며 대법원에서 소수의견을 내고 진보적인 목소리들을 대변했던 대법관들(김영란, 박시환, 김지형, 이홍훈, 전수안 대법관)이 대거 퇴임하면서, 신임 대법관들은 '서울대, 법원장급 이상, 50대 남성'이라는 공통분모를 보이는 보수 일색, 소위 정통 엘리트 법조인 출신으로 채워졌다. 시민사회의 반발과 언론의 비판에도 흔들림이 없다. 과연 법원이 기득권의 대변자가 되어도 문제가 없을까?

한국 사회는 근대화가 진행되면서 점점 더 기득권층이 공고화되는 방향으로 움직여왔다. 개인주의와 인본주의가 바탕이 되었던 서구의 근대화 과정과는 달리, 우리 사회는 여전히 가족 중심의 전통적인 사고가 지배하고 있으며, 부와 권력도 가족을 중심으로 세습되는 추세가 두드러진다. 우리는 결혼제도를 가족과 가족의 결합으로 생각하고, 부와 권력의 수준이 높을수록 사회적 신분과 부의 수준에 따라 결혼 상대자를 결정하는 경향이 아주 강한 편이다. 사법고시를 합격하면 얻을 수 있는 법조 권력의 힘 역시 만만치 않기 때문에, 법조 엘리트들은 대부분 부와 권력을 가진 집안과 혼인관계로 연결되어왔다.

우리나라의 다른 권력층과 마찬가지로 법조계 역시 이러한 과정을 거쳐왔다. 학벌의 경우 (서울대 또는 서울대 법대 출신으로) 비교적 동질성을 보이고 있으나, (부유한 집안 출신부터 농부의 아들까지) 출신 계급이 다양했던 과거의 법조 엘리트들과는 달리, 최근의 법조 엘리트들은 부유하고 권력을 가진 집안 출신이거나 그런 집안과 결혼으로 연결되어 있는 경우가 많아지고 있다. 결국 법조 엘리트는 계급적으로 권력층과 바로 연결되고, 법원은 시간이 흐를수록 점점 보수화되는 것이다.

그런데 이러한 법원의 보수화 경향을 자연스러운 사회현상으로 받아들이면 되는 것일까. 사회 어느 영역보다 공정해야 하고 권력과 부의 영향에서 자유로워야 하는 법조계가 점점 공정함과 정의라는 가치에서 멀어지고 권력과 부의 도구가 되어버린다면 우리는 더 이상 희망을 가질 수 없다. 사회정의에 대한 믿음과 희망이 점점 더 사라져가는 사회에서 어떤 꿈을 꿀 수 있겠는가. 작금의 현실을 보면, 국민 대다수가 느끼는 피해의식, 기득권층에 대한 실망감과 분노는 결코 근거가 없지 않다. 법원은 부와 권력의 대변자가 되어서는 안 된다. 뼈를 깎는 노력으로 정의를 세우고 소수자와 약자의 목소리를 들어야 한다. 점점 보수화되는 최근 법원의 분위기는 심히 우려스럽다.

5장

우리가
만나야 할
사법부

뿌리 깊은
나무를 찾아서

문제를 제기하는 이들이 대부분 그렇듯이, 나 역시 법조계의 고질적인 병폐들을 일소하는 획기적인 대안을 제시하기는 어려울 것 같다. 이것이 비단 법조계만의 문제겠는가. 사회를 위계화하는 성적지상주의와 학벌주의, 사회 지도층과 기득권층의 집단이기주의와 기득권 옹호, 소수 집단의 부와 권력의 독점, 권력층의 권위주의와 특권 의식 등은 법조계뿐만 아니라 한국 사회의 여러 분야에서 드러나는 문제점들이다.

냉정하게 말해 우리 사회의 문제들을 근본적으로 혁파하지 않는 이상, 법조계의 문제점도 완전히 개선하기는 어려울 것이다. 그렇다고 손 놓고 볼 수는 없다. 게다가 법조계의 문제는 다른 어느 영역보다 공정하고 정의로운 사회를 실현하는 데 커다란 장애물이 될 위험이 있다. 사법부는 사회정의 실현에서 최후의 보루가 되어야 한다. 게다가 지금은 정의롭고 공정한 사회에 대한 국민들의 욕구와 바람이 어느 때보다 들끓고 있는 상황이다.

그런데 사법부의 개선 방향을 두고 두 가지 다소 모순되는 가치가 충돌할 수 있다는 점을 주의해야 한다. 하나는 국민의 뜻을 반영한 민주적인 사법부의 구성이며, 또 하나는 법관이 외부의 영향력에 흔들리지 않고 양심과 법률에 의해 판단할 수 있도록 하는 법관의 독립성 확보이다. 민주적 구성과 독립성, 두 가지 모두 사법부에 필요한 가치임은 분명하다.

우선 사법도 국민을 위한 서비스의 일종으로, 국민들이 납득할 수 있는 방식에 따라 정의롭고 공정한 판단을 내려야 한다. 이러한 국민들의 욕구에 부응하지 못하는 권위적이고 오만한 법원의 태도는 분명 개선되어야 하며, 사법부의 구성이나 운영에도 국민의 뜻이 충분히 반영되어야 한다. 또 한편 이에 못지않게 중요한 가치가 있으니, 법관은 정치와 권력 같은 외부의 영향력에서 자유로워야 한다는 점이다.

우리나라 헌법은 입법부(국회)와 행정부(대통령)는 국민의 직접선거에 의하여 구성되도록 정해두었다. 이와 달리 사법부(법원)는 헌법에 의하여 신분이 보장되는 직업 법관의 조직인데 그 이유는 사법부가 민주주의의 보완제라는 역할을 수행하기 때문이다. 예를 들면, 민주적으로 국민의 뜻에 의해 선출된 지도자가 독재자로 변해 정의와 인권을 무시하는 정책을 펴는 경우도 있으며(히틀러의 나치즘이 대표적인 예일 것이며, 이명박 대통령도 높은 지지율을 얻어 당선되었으나 국민의 뜻에 부응하지 못하고 있다), 다수의 뜻에 따라 구성된 정부가 소수자나 약자를 존중하지 않는 정책을 펼 수도 있다.

이처럼 민주주의에 의하여 민주주의가 파괴될 수 있다는 실로 역설적인 역사적 교훈 때문에 사법부는 일반적으로 정치적 영향력에서 자유로운 독립적인 지위를 보장하는 방향으로 발전해왔다. 민주적으로 구성된 정부나 권력에도 흠결이 생길 수 있으므로, 법률에 의한 보편적 정의를 수호하는 역할을 맡은 사법부의 견제가 필요하다는 문제의식에서 비롯된 것이다. 사법부의 민주적인 구성과 독립성은 때로는 서로 갈등을 빚는 가치이나 둘 다 포기할 수 없다는 섬에서 적절한 균형짐을 찾아야 할 것이다.

우리나라 법원은 엘리트 직업 법관에 의해 구성되어 민주적 통제에서 비교적 자유로운 편인데, 그렇다고 외풍에 흔들리지 않고 자유롭게 정의를 수호하는 독립 기관이라는 제 역할을 수행해왔을까? 민주화 이전 독재정권 치하에서는 법원이 정권의 시녀로 전락하여, 명백하게 조작된 사건에 유죄판결을 내리고 사법살인을 자행한 사례가 무수히 많지 않은가. 게다가 최근에 문제가 되고 있는 판결들(정봉주 유죄판결, 노회찬 의원 유죄판결, 삼성 편법증여 관련 판결 등)을 보면 지금도 우리나라 법원이 정치권력과 부의 영향력에서 자유롭다고 믿기는 어려운 일이다. 또한 법관의 독립성이 제대로 보장되고 실현되어왔는지 역시 의문이다. 최근 신영철 대법관의 촛불 재판 개입이나 서기호 판사 재임용 탈락에서도 보듯이, 일견 매우 독립적이고 보장된 신분을 누리는 판사들조차 정치와 권력의 작용에서 그리 자유롭지 못하다는 사실이 드러나고 있다.

그렇다면 민주적 통제도, 법관의 독립성도 제대로 보장되어 있지 않은 사법부의 현실을 개선하기 위한 방안은 무엇일까. 사법부의 민주적 통제를 위해 몇 년 전부터 여러 제도들이 도입되고 있다. 사법고시의 폐지와 법학전문대학원(로스쿨)의 도입, 법조일원화를 통한 엘리트주의 탈피 시도, 국민참여재판(배심제)

의 도입이 대표적인 예일 것이다.

그러나 이러한 제도가 사법부의 문제를 일거에 해결하는 만병통치약이 될 수는 없을뿐더러 예상치 못한 부작용도 발생하고 있다. 당장 로스쿨만 하더라도, 사법고시에 매달리다가 인생을 허비하는 고시낭인만큼이나 로스쿨을 졸업한 이후에도 변호사로 활동하기 어려워 로스쿨낭인이 양산될 위험이 보인다(변호사 시험 합격자를 비율로 제한하는 정원제와 로스쿨 졸업 후에 반드시 6개월의 의무 연수 기간을 거쳐야 하는 제도가 걸림돌로 작용한다), 또 로스쿨 졸업까지 많은 돈을 들이고 기회비용을 지불해야 하기 때문에 이미 부와 권력을 가진 자들이 법조 영역을 독점하는 부작용이 우려되는 현실이다. 물론 이런 부작용에도 불구하고, 기존의 사법고시 제도나 엘리트 법관의 사법부 지배는 반드시 개선해야 한다는 점은 부인할 수 없다. 그렇다면 로스쿨의 도입과 함께 달라질 법조계는 과연 어떤 모습을 보여야 하는가.

무엇보다 중요한 건

● 사법부 구성원인 판사들의 머릿속을 지배하는 최대 관념은 '자존심'이다. 그들은 가장 어려운 과정을 거쳐 획득한 성직인 만큼 지적으로 그리고 직업적으로 모든 사람들로부터 존경받아 마땅하다고 생각한다. (양삼승, <사법부와 검찰을 지배하는 8가지 법칙>, 2012년 7월 22일자 조선일보)

시민단체에서 일하다 보면, 여러 가지 억울한 사연을 가진 분들의 전화를 많이 받게 된다. 어느 날 한 시민의 전화를 받았다. 사연인즉 형이 교도소에 수감되어 있는데, 간수들에게 가혹

행위를 종종 당한다고 한다. 이를 하소연하기 위해 교도소장을 찾아갔는데, 교도소장이 면담을 받아주지도 않았을 뿐 아니라 소장실 앞에서 기다리고 있는 자신과 가족들은 쳐다보지도 않고 들어가 버렸단다. 물론 그후에도 문제는 개선되지 않았다는 사연이었다.

교도소 내의 가혹행위에 대해 진정을 하고 싶은 것이냐고 물었더니, 의외의 대답이 돌아왔다. "교도소장이 우리 가족을 코앞에서 무시하고 가버려 너무 속상합니다. 억울한 국민들이 하소연하려는데 어떻게 그럴 수가 있죠?" 사실 문제는 교도소 내에서 생겼다는 가혹행위였는데, 이분은 이제 가혹행위보다 교도소장의 태도에 분노하고 있었다. 이 얘기를 들으며 나는 새롭게 깨달았다. 사람들은 어떤 사건이 해결되지 않은 것보다 인격적인 모독을 당한 데 더욱 분노하고 억울한 감정을 품는다는 것이다. 문제가 자기 마음대로 해결되지 않아도 때로는 납득하고 이해할 수는 있지만, 문제 해결 과정에서 인격적으로 모욕을 받거나 감정이 다치게 되면 결과를 좀처럼 받아들이지 못하고 불신과 증오에 사로잡히게 된다. 무엇보다 사법부의 구조적 문제점을 개선하는 것만큼이나 법조계 선반의 사기 성찰과 만싱이 필요하다는 점을 지적하고 싶다.

변호사 일을 하다 만난 사람들에게는 보통 '분하고, 억울하고, 답답한' 사정들이 하나씩은 있었다. 소송 당사자의 경우 얼마간 손해를 보았다 해도 경제적인 문제만으로 소송에 이르는 경우는 드물고, 뭔가 분하고, 억울하고, 답답한 감정이 개입된 문제에 맞닥뜨렸을 때 비로소 법적 분쟁으로 치닫는 경우가 많았다. 이들은 감정적으로 예민한 상태여서 사소한 일일지라도 불합리하고 불공평하다고 여겨질 경우 쉽사리 분노하게 되는 것이다.

사회의 갈등과 다툼을 해결하는 일을 하는 법조인들은 직업상 항상 문제를 안고 있는 사람들을 만나게 된다. 그런데 실제 사건 처리에서, 돈에 의한 배상이나 적절한 형벌만이 모든 문제의 답이 될 수는 없다. 인간사에 발생하는 분쟁은 사기꾼이나 사이코패스 범죄자 같은 악당과 선량한 피해자 사이에 발생하는 문제라기보다는 약간의 욕심과 작은 오해로 생겨난 갈등인 경우가 많다. 또 실제 사건에서는 결정적인 잘못을 저지르거나 최종 책임을 져야 할 사람은 자력이 없거나 도피해버리고, 남은 피해자들끼리 합리적으로 손해를 분담하는 경우가 많기 때문에, 원고든 피고든 마찬가지로 힘들고 억울해하는 사건들도 많다.

결국 법정에서 다투는 많은 분쟁들은 얼마나 법리적으로 정확하게 해결하느냐가 문제가 아니라, 억울하고 분하고 답답한 사람들의 사연을 얼마나 이해해주느냐가 관건이다. 사건의 승패를 떠나 소송이나 분쟁을 해결하는 과정에서 사람의 마음을 다치게 할 때, 진정 돌이킬 수 없는 결과가 나온다는 사실을 종종 경험할 수 있다.

물론 판사는 법률에 따른 판결을 내리는 것이 주요 임무이니 법률적인 쟁점에 대한 판단을 소홀히 할 수 없다. 하지만 법률적으로 올바른 결론을 내리는 과정에서 소송 당사자들의 마음이나 감정을 제대로 헤아리지 못하고 상처를 주게 되면, 아무리 결론이 법리적으로 정확하다 하더라도 당사자는 결론에 승복하지 못한다. 당연히 억울하고 분하고 답답한 심정을 떨쳐버릴 수 없다. 아니, 그런 감정은 더 심해진다. 소송에서 패소한 이후 억울함을 이기지 못해 평생 한을 품고 살아가는 사람들도 많다. 결국 사건의 당사자가 석궁을 들고 판사를 겨누었던 사건도 구체적인 결론 때문이라기보다 법원의 오만하고 권위적인 태도 때문이 아니었나 생각해봐야 한다.

법조계의 권위주의나 국민을 존중하지 않는 태도는 당사자 간의 분쟁을 키우고 사법 불신을 초래하는 가장 큰 원인이 된다는 것을 알아야 한다. 이에 대한 진지한 반성과 성찰 없이는 사법부가 국민의 신뢰를 얻기는 어려울 것이다.

반말하지 마세요

● 입사 초기, 점심시간에 서초동 일대에 식사하러 나갔다 올 때 보면 누가 판사들인지 쉽게 구별할 수 있었습니다. 연장자이신 분이 가운데, 좀 젊은 두 분이 그 좌우에 서되 미묘하게 한발 정도 뒤에 서서 삼각편대 비행을 하고 있고, 상당히 높은 확률로 셋 다 뒷짐을 지고 있다면 재판부가 틀림없더군요. 언젠가 법원에서 수련회를 갔는데 바닷가에서 갈매기가 삼각편대로 날아가는 것을 보자 어느 판사님이 "아, 재판부 갈매기다!"라고 하셨을 정노로…… (문유석,〈초임부장판사 일기〉, 조선일보 2012년 6월 1일자)

정봉주 판결, 김재호 판사의 기소 청탁, 〈부러진 화살〉의 흥행 돌풍, 서기호 판사의 재임용 탈락, 잇다른 정치적 수사와 판결…… 최근 발생한 일련의 사건들을 통해 지금 대한민국에서 법조인은 더 이상 존경과 신뢰의 대상이 아니고, 오히려 공공의 적이 되어버린 느낌이다. 국민들의 신뢰를 상실한 법조계는 지금 어디에서 어떻게 돌파구를 찾아야 하는 것일까.

우선은 법조인들이 지금까지 당연시해온 특권 의식을 과감히 버려야 한다. 자신은 공정하고 청렴한 법조인이라고 생각하며 세간의 평가에 억울해해봐야 이미 땅에 떨어진 신뢰를 회복할 수는 없다. 우리나라 법원이 공정하며 법조인들이 상대적으로 청렴하다는 식의 변명은 더 이상 통하지 않을 것이다. 국민들의 신뢰와 권위를 되찾기 위해서는 실제로 떨어진 권위를 법조인들 스스로 애써 찾으려는 마음을 떨쳐버려야 한다.

영화 〈부러진 화살〉의 열풍 이후 참여연대에서 열린 시민토론회에서, 많은 시민들은 법원의 권위주의를 성토했다. 법정 방청을 갔더니 경위가 와서 모자를 벗으라고 명령조로 말해서 놀랐다는 이야기, 법정에서 피고인이 뒷짐을 지고 있으니까 경위가 자세를 바로 하라고 하더라는 이야기, 〈부러진 화살〉의 주인공인 김명호 교수가 재판정에서 판사를 판사님이라고 부르지 않고 "OOO 씨"라고 불렀다는 이유로 법정모독으로 구류를 살았다는 이야기. 사실 사소해 보이지만, 이런 작은 사건들로 인해 시민들은 법원에 대하여 불신과 적대감을 품게 되는 것이다. 판사가 당사자에게 반말을 하거나 인격 모독을 자행하면, 가뜩이나 주눅이 든 상태에서 힘들게 소송을 진행하는 당사자들은 마음의 상처가 평생 남는다고 할 정도다. 오죽하면 법원을 다 뒤집어야 한다는 과격한 얘기들이 오갈 뿐만 아니라 많은 시민들이 이를 공감하겠는가.

법원의 권위가 땅에 떨어졌다고 억울해하고 답답해할 시간에, 왜 그런 불신과 오해가 쌓여왔는지 객관적으로 보고 냉철하게 반성해야 한다. 법조인들이 오랫동안 당연시해온 권위가 사실은 사법 불신의 일차 원인이 될 수도 있다는 점을 인정해야 한다.

법관도 인간이다. 한치의 흔들림도 오류도 없는 절대적인 판관이 될 수는 없고 그럴 필요도 없다. 한 명의 유능한 의사가 탄생하기까지 적어도 환자 1~2명은 실수로 죽일 수 있다는 얘기도 있다. 그렇다고 의사를 모두 없애야 한다고 생각하는 사람은 없다. 법조계나 법원도 마찬가지다. 일체의 오류와 편견이 없는 냉철한 철인은 존재할 수 없고, 모두 인간적인 한계나 약점을 안고 법과 양심에 따라서 판단을 할 수밖에 없다. 그럼에도 법원의 판단을 받아들이려면, 양심과 법률에 따라 최선의 판단을 했다는 신뢰가 있어야 한다. 지금까지 우리 법원은 권력과 외압에 흔들리면서 국민에게는 군림하는 권위적인 모습을 보여온 탓에 신뢰를 잃어버린 것이 아니겠는가.

앞에서 본 문유석 판사의 글처럼, 우리나라 법원은 때로 우스꽝스러워 보일 정도로 전통적인 권위와 질서에 집착한다. 신임 여성 대법관인 박보영 판사가 취임식에서 바지 정장을 입은 것이(여자 판사가 공식 행사에서 치마 정장이 아닌 바지 정장을 입었다는 이유로) 뉴스거리가 될 정도다. 국민의 신뢰를 얻으려면 시대의 흐름과 분위기에 역행하는 전통적이고 보수적인 권위주의를 하루 빨리 떨쳐버려야 한다.

여론 재판이
무서워요

● 판사들 성향이 대체로 좀 무난하게 가자 그런 게 있어요. 튀는 판결이 나오는 것을 싫어하는 거지. 튀는 판결이 많아지면 법원에서도 이래저래 말이 많고…… 그런 식으로 주목받는 것을 부담스러워하니까. 법원에서도 조금 흠 잡힐 수 있는 판결이 나오게 되면, 여론의 뭇매를 맞게 되니까 그런 것을 노골적으로 싫어하는 고위직 판사들이 많은데, 눈치를 안 볼 수가 없는 거야. 점점 관료화되어 가는 거지. 법원 조직노. (P 씨, 44세, 판사)

지금까지는 법원의 민주적 통제를 강조하는 개혁 방향을 주로 얘기했다면, 이제는 좀 다른 얘기를 해보려고 한다. 법원의 민주적 통제도 물론 중요한 가치지만, 법원이 추구해야 할 가장 궁극적인 가치는 정의롭고 공정한 재판이라는 점에는 이견이 없을 것이다. 따라서 민주적인 통제가 법원과 재판 결과에 대한 지나친 간섭으로 이어지고, 결국은 여론에 의해 재판 결과가 달라지는 소위 여론재판의 위험성은 경계해야 한다고 생각한다. 소수자 보호나 정의 실현이라는 가치를 위해서도 대중의 판단이나 다수의 입장이 언제나 정의롭고 옳은 것은 아니라는 사실을 명심해야 한다. 예를 들면 우리나라 국민들 중 상당수는 여전히 성소수자(게이, 레즈비언)를 좋지 않은 눈으로 보며, 외국인에 대한 편견을 갖고 있다. 흉악 범죄를 줄이기 위해서는 사형을 비롯한 강력한 징벌이 필요하다는 의견이 과반수를 넘는다. 하지만 이러한 다수의 생각이 때로는 인간의 존엄과 기본권에 반하는 경우도 있다. 만약 국민의 보편적 정서나 여론에 의해 불공정하고 불평등한 결과가 나온다면 이러한 여론재판은 법과 정의에 반할 수 있다. 여론이 들끓는다는 이유로 유사한 사안인데도 특별히 엄중한 결과가 나오거나 반대로 전혀 알려지지 않아서 대중의 관심이 없다는 이유로 솜방망이 처벌을 내리는 일은 절대 있어서는 안 된다.

사실 작년에 있었던 고대 의대생 성추행 사건이 여론재판의 대표적인 예라고 생각한다. 이 사건을 이야기하면 의아해할지도 모른다. 나는 성추행 사건을 저지른 학생들을 변호하고 싶은 생각은 추호도 없다. 실제로 나 역시 대학생 때 엠티를 가서 동급생으로부터 성추행을 당한 일이 있는데, 지금도 떠올리기 싫은 기분 나쁘고 괴로운 기억이다. 술에 취한 동급생을 성추행한 행위는 절대 정당화할 수 없고, 피해자에게 엄청난 수치심과 괴로움을 안겨준 점에서도 법적 처벌을 받아 마땅하다. 그럼에도 불구하고 사건의 피고인들에게 내려진 징역 2년 6월, 1년 6월이라는 판결은 사실 조금 어이가 없을 정도로 가혹하다.

우리나라에서는 강간죄도 초범의 경우 징역 2년 6월에서 5년 정도의 형량이 내려지고, 13세 미만의 미성년자 강간의 경우에도 최근에 법이 개정되어 10년 이상 징역으로 바뀌기 전에는 1심 선고의 평균 형량이 3년 5개월에 불과할 정도로 성범죄에 대한 처벌이 약한 편이었다. 강제추행죄의 경우 징역형 판결은 찾아보기 어렵다. 고대 의대생 성추행 사건의 경우, 피해자가 미성년자도 아니었고, 폭행과 협박에 의한 강간이 아니라 술에 취한 상태를 이용한 강제추행이었다는 점에서 징역 2년 6월,

1년 6월이라는 가혹한 처벌은 납득하기 어렵다.

다시 말하건대 가해자들을 옹호하고 싶은 생각은 추호도 없고, 성범죄에 대한 솜방망이 처벌이 정당하다고 생각하지도 않는다. 하지만 이 사건은 가해자와 피해자가 사람들이 선망해마지 않는 명문대 의대생이라는 점, 사건 초기부터 가해자와 피해자의 신상(집안 등)이 인터넷을 통해 공개되어 주목받았던 점, 가해 학생들이 사건 초기부터 유명 변호사를 선임하고 피해자 학생의 행실 등을 문제 삼아 여론이 들끓었다는 점, 사건의 결과를 국민과 언론이 주목하고 있었다는 점, 성범죄에 관대한 처벌을 성토하는 여론이 최근 들어 심각했던 점 때문에 내려진, 유사한 범죄와 비교할 때 황당할 정도로 가혹한 처벌이었다. 결국은 재판이 여론의 영향을 받은 사례라고 볼 수 있지 않을까 한다.

물론 나는 따로 이 사건의 소송기록을 살펴본 바 없고 사건의 실체적 진실도 잘 알지 못하기 때문에 법원의 판단에 그럴 만한 합리적 근거가 있을 가능성도 있다. 하지만 언론을 통해 알려진 사건의 개요만을 보면, 유사한 사안과 비교할 때 지나치게 엄중한 처벌이 내려진 것은 분명하다.

이 사건을 보더라도, 정의롭고 공정한 재판이란 그리 간단한 문제가 아니라는 사실을 알 수 있다. 사법부의 민주적 통제와 법원이 국민의 뜻을 잘 받드는 것도 중요하지만, 국민 여론이나 언론보도에 휘둘려 정의롭지도 않고 불공정한 재판을 하게 된다면 또 다른 불의와 억울함을 낳을 우려가 있다. 법원은 분명 국민과의 소통에 힘쓰고, 권위적인 제도를 개선하고, 사법 불신을 초래한 온갖 병폐를 적극 반성하는 태도를 보여야 한다. 그러나 언론과 여론의 압박을 받아 불공정한 판결이 내려지는 사태는 경계해야 한다.

그런데 여론재판으로 흐르는 중요한 원인으로, 우리나라 판사들이 외부 평가에 민감하다는 점을 들 수 있을 것이다. 4장에서 살펴보았듯이, 법조인들은 튀지 않은 모범생 기질을 가진 이들이 많아서 남의 입에 오르내리는 것을 극도로 꺼리는 경향이 있다. 하지만 단순히 튀기 싫어하는 모범생 기질 때문만은 아니고, 법원 조직이 점점 더 평정권을 가진 상사의 눈치를 봐야 하는 분위기로 변해가고 있는 점을 간과할 수 없다.

눈치보는 판사님

● 판사들이 요즘 제일 민감한 부분이 유학과 승진인데, 판사 수가 늘어나고 인사적체가 생기면서 경쟁이 점점 심해지고, 근무평정의 비중이 점점 더 중요해지고 있단 말이야. 그런데 이 근무평정이란 게 각 법원의 법원장이 최종 권한을 가진 거고, 어떤 자료를 가지고 어떻게 평가하는지 공개가 안 돼요. 사건을 빨리 떼면 좋은 판사인 건가? 판결문 잘 쓰면? 조정 많이 성립시키면? 뭘 기준으로 하든지 결국은 법원장 맘이라는 거. 그래서 예전과 비교할 수 없을 정도로 위의 눈치를 많이 봐요. 일반 회사와 분위기가 점점 비슷해지

고 있다고 해야 하나……(A씨, 서울지방법원 판사)

최근에 대법관 후보로 제청되었다가 국회 청문회 과정에서 낙마(자진사퇴)한 김병화 지검장 이야기를 해보자. 김병화 후보자는 인사청문회 과정에서 위장전입 2회, 다운계약서 작성 3회, 그리고 이로 인한 세금탈루 사실을 시인했다. 또 제일저축은행의 브로커 노릇을 하다 구속된 사채업자와 긴밀한 친분을 유지하며 고급 아파트를 투기 목적으로 나란히 구입한 일도 있었다. 어쩌다가 이런 사람이 우리나라 최고 법원의 일원인 대법관 후보가 될 수 있었을까?

대법원이 구성되는 과정을 살펴보아야 한다. 헌법 제104조에 따르면, 대법관은 대법원장의 제청으로 국회의 동의를 얻어 대통령이 임명하도록 되어 있다. 그런데 실제로 대법원장이 제청하는 과정을 살펴보면 다음과 같다. 대법관 결원이 생기면 열 명의 위원으로 구성된 대법관후보추천위원회를 구성한다. 여기서 대법원장뿐 아니라 사회 여러 부문에서 추천을 받고 심사를 해서 3배수로 후보를 추천하게 되는데, 실무상으로는 법원행정처에서 작성한 명단을 보고 심사하는 경우가 많다. 그중에서 대법원장이 한 명을 제청하는데, 이 과정에서 누가 추천했는지,

왜 추천을 받았는지 전혀 공개되지 않는다. 심지어 추천받았다는 사실이 공개되면, 해당 후보는 심사 명단에서 제외한다고 할 정도로 철저히 비공개로 운영하고 있다.

대법관의 임명 과정이 투명하지도 민주적이지도 않으며 대법원장의 독단으로 흐를 수 있다는 얘기다. 실제로는 대부분 법원의 승진 코스를 착실하게 밟아온 고위 법관들 중에서 정치적인 상황에 따라 지역, 출신 학교 등을 고려하여 임명하는 경우가 많고, 대법관 중에서 소위 검찰 몫, 재야 몫이라는 게 있어서 구색을 맞추기 위해 검찰 출신 후보자, 변호사 출신 후보자도 한 명 정도 포함한다. 결국 대법관 후보자에 대한 투명하고 민주적인 검증이나 토론은 찾아볼 수 없고, 인사권자인 대법원장이 사실상 임명권을 독점하고 있다고 봐야 한다. 그런 이유로 김병화 후보자 같은 부적격자도 대법원장의 정치적 고려에 따라 후보자로 추천을 받지 않았겠는가.

대법관 인사뿐만이 아니라, 평판사들의 경우에도 유학(판사들은 6~8년가량 근무한 후에 해외 연수를 받을 수 있는데, 모든 판사가 이 기회를 잡을 수 있는 것은 아니어서 경쟁이 치열하다)이나 인사에 있어서 근무평정의 비중이 높아지면서 상급자의 눈치를 보는 분위기가 점점 짙어지고 있다고 한다. 물론 판사들도 능력과 업무에 대하여 어떤 식으로든 평가를 받을 필요가 있다. 문제는 판사들의 근무평정 역시 대법관의 제청 과정만큼이나 불투명하고 독단적으로 실시되고 있다는 것이다.

법관에 대한 근무평정은 대법원 규칙 제2244호 '판사 근무성적평정규칙'에 따라 평가하도록 되어 있다. 이 규칙에 따르면 판사에 대한 근무평정은 소속 법원장 또는 지원장이 하며, 평정 방법은 "구체적인 직무 실적, 추상적·잠재적 직무 능력 및 자질을 종합하여 평정자가 재량으로 평가"한다고 되어 있다. 이러한 과정에서 대상자가 합의부 소속 배석판사인 경우 소속 재판장으로부터 의견서를 제출받아 참고하도록 한다. 그러나 이처럼 일방적인 하향식 평가 과정을 거치는 도중에 대상자가 평가에 이의를 제기하거나 석명할 수 있는 기회는 전혀 주어지지 않는다. 근무평정의 권한이 각 법원의 법원장에게 일임되어 있고, 기준이나 절차가 공개되어 있지 않아서 사실상 고위 법관들의 재량에 맡겨져 있는 셈이다.

평가 기준이나 절차가 투명하지도 공정하지도 않으니, 충분히 자의적인 평가를 내릴 수 있다. 판사들이 일상생활을 하거나 판결문을 쓸 때 알게 모르게 평정권자인 윗사람(고위 법관)의 눈치를 볼 수밖에 없다. 이 때문에 양심과 정의에 따라 소신 있는 판결을 내리기가 점점 더 힘들어지고 있다.

법원 민주화? 별거 아니다. 근무평정이나 인사에서 기준과 절차를 투명하고 공정하게 만들어, 더 이상 눈치 보며 판결문을 쓰는 판사가 없도록 해야 한다. 판사들뿐만 아니라 국민들도 납득하고 비판할 수 있는 인사제도를 도입해야 한다. 지금처럼 고위 법관들이 무소불위의 권력을 휘두르며 법관의 앞날을 좌지우지하는 인사제도는 폐지해야 한다.

사법부에 꼭 필요한
한 가지

- "법이라는 게 말이야, 약한 자에게는 관대하고 강한 자에게는 엄격해야 하는데 지금은 거꾸로야."(〈한국의 법은 만인에게 평등하지 않다〉, 한겨레21 2010년 6월 11일자 기사)

나는 어린 시절 서울 종로구 창신동에서 자랐다. 근로기준법 준수를 요구하며 몸을 불사른 전태일이 다니던 공장들이 있던 동네였다. 우리집 지하에는 젊은 노동자들이 일하는 미싱공장이 있었다. 초등학교 같은 반 친구들 여럿이 결손가정에서 자랐고, 밤마다 아줌마 아저씨들이 술 먹고 싸우는 소리를 들어야 했다. 서울의 극빈촌에서 자라면서, 나는 어려운 사람들, 그들을 힘겨운 삶으로 내모는 사회에 무관심할 수가 없었다. 그 사람들이 바로 내 이웃이었고, 그들이 겪는 문제가 바로 내 문제였으니까.

세월이 흘러 나는 외국어고등학교에 입학했는데, 학생의 절반 이상은 강남 일대에서 태어나 (몇 년 정도 해외에 머물긴 했지만) 강남 일대에서만 자라온 아이들이었다. 물론 좋은 친구들이 었지만, 빈곤, 사회적 불평등, 정의와 같은 문제를 고민하는 아이들은 거의 보지 못했다. 대부분 좀 더 잘나갈뿐 아니라 사회적으로 인정받는 멋진 사람이 되길 바랐지만, 그런 사람이 되어 무엇을 할지에 대해서는 별로 얘기하지 않았다. 사회문제에 관심이 많고 비판적인 나는 외고에서 좀 특이한 아이였던 듯하다. 내가 어린 시절에 어려운 이웃들과 함께 자라지 않았다면, 그들의 삶을 몰랐다면, 나 역시 외고의 보통 아이들과 마찬가지였을 테고, 결국 지금 내가 근무하는 시민단체에 오지도 않았을 것이다.

사람은 누구나 자신의 경험으로부터 자유롭지 않다. 살아오면서 경험하고 느낀 것들이 쌓여 머릿속 생각이 형성되는 법이다. 그렇기 때문에 경험과 생각이 비슷한 사람들이 머리를 맞대고 내리는 결론보다는 경험과 생각이 다양한 사람들이 함께 고민하여 내리는 결론이 더 균형 있고 사회정의에 부합할 가능성이 높다.

그동안 우리나라 법원은 일류대 출신, 남자, 대학 졸업 후 바로 사법고시에 합격하여 사법연수원을 거쳐 판사 생활만을 해온, 경험과 배경이 비슷한 사람들이 절대 다수를 차지했다. 특히 3심제의 최종심인 대법원을 구성하는 대법관의 경우에는 '서울대 법대, 50~60대 남자, 법원 출신'으로 전형적인 한국의 남성 기득권층이다. 언뜻 별 문제가 없어 보이지만, 경험과 세계관이 비슷한 사람들로 구성된 조직의 한계는 분명 존재한다.

2004~06년에 최초로 여성 대법관이 등장하고, 기존의 기수와 서열 중심의 인선 방식에서 벗어남으로써 진보적인 인사들이 대법관으로 임명되어 대법원에서도 적지 않은 변화가 나타났다. 소수의견이 활발하게 제출되고, 훨씬 더 치열한 논쟁과 토론이 벌어졌으며, 전원합의체 판결문이 급격히 늘어났다.[1] 국가보안법이나 노동쟁의, 사회적 약자나 소수자의 권리와 관

---

[1] 대법원에 사건을 접수하면 원칙적으로 4인으로 구성된 소부에서 재판을 하게 되는데, 합의가 되지 않으면 대법관 전원이 참여하는 전원합의체로 넘어간다. 전원합의체 판결이 늘어났다는 것은 반대 의견을 적극 개진하는 사건이 늘어났음을 의미한다.

련한 판결에서 반대 의견이 많이 제시되었고, 피의자의 방어권이나 표현의 자유, 환경권, 노동권, 여성, 청소년이나 성소수자들을 옹호하는 판결도 많이 나왔다. 또 이런 대법원의 분위기에 영향을 받아 하급심에서의 무죄판결도 증가하는 경향이 있다고 한다. 대법관 구성이 획일적일 경우 기존 판례에서 약간 벗어나게 판결하면서, '어차피 대법원 가서 뒤집힐 것'이라고 체념해버릴 수 있지만, 대법관이 다양하게 구성되면 새로운 판례가 나올 수 있다는 기대를 할 수 있어서 하급심 판사들이 좀 더 자신 있게 무죄판결 또는 소수자 보호 판결을 내릴 수 있는 것이다. 이처럼 법원이 다양하게 구성되면 생각보다 큰 변화가 초래될 수 있다.

하지만 이명박 정부 출범 이후 법원 구성의 다양성은 심각하게 후퇴하고 있다. 정통 법조 엘리트 출신이며, 법원의 다양성보다는 효율적인 재판이 더 중요하다는 소신을 밝힌 양승태 대법원장이 임명되면서, 새로 대법원을 구성하게 된 대법관들은 보수 일색의 기수와 서열 중심의 인사에서 벗어나지 못하고 있다. 대법원의 구성이 이렇게 과거로 후퇴하면서 앞으로 법원이 어떤 모습을 보여줄지 궁금해하며 기대를 품기는 사실 어려워졌다. 하지만 갈수록 갈등이 복잡·다양해지는 사회에서 정의를 구현하기 위해 법관 구성의 다양성은 포기해서는 안 되는 가치다. 법원의 전향적인 변화를 기대한다.

15년전 면접을 떠올리며

- 요컨대 판사들은 자신의 지위나 편안함을 희생하면서까지 정의를 선언하고 실천할 용기나 기개를 가지고 있지 않다. 그렇다고 해서 그들의 재판이 최소한 의식적으로 정의를 외면하거나 거부하지는 않는다. 다만 내공의 부족이나 사려 부족으로 좋은 판결을 못 하는 경우는 있다. (양삼승, 〈사법부와 검찰을 지배하는 8가지 법칙〉, 조선일보 2012년 7월 22일자)

벌써 15년도 더 된 이야기인데, 내가 대학 입시에서 모 대학교 법대에 지원하여 면접을 보러 갔을 때 이야기다. 두 명이 조를 이루어 면접장에 들어갔는데, 교수가 "만약 당신이 판사인데, 독재정권이 들어서서 정의에 반하는 내용의 법이 시행된다면 어떻게 하겠는가"라고 물었다. 나와 같이 면접을 본 남학생이 먼저 답을 했는데, "판사는 법률에 따른 재판을 해야 하니까, 법에 따라야 한다고 생각한다"라고 말했다. 그다음으로 내가 대답할 차례였는데, 사실 그때까지 나는 법과 정의에 대한 문제를 깊이 생각해본 적이 없었다. 단지 앞서 말한 남학생의 답변이 그리 마음에 들지 않았고, 두 번째로 말하는 상황인지라 조금 다르게 말하면 더 유리하지 않을까 생각했던 듯하다. 그래서 이렇게 답변했다. "저는 그렇게 생각하지 않습니다. 아무리 법률이 중요하다고 하더라도, 정의에 반하는 판결을 내려서는 안 된다고 생각합니다." 면접관은 내 얘기를 끝까지 듣고 나서, 먼저 답변했던 남학생에게 "자네는, 나치 치하에 있었다면 유태인을 학살했겠군"이라고 말했다.

나는 합격 통지를 받았지만 그 대학에 가지는 않았고 면접관이었던 교수님도 기억나지 않는다. 함께 면접을 본 남학생이 어떻게 됐는지도 잘 모르겠다. 물론 면접에서 오갔던 대화도 오랫동안 잊어버리고 있었다. 그런데 꽤 많은 세월이 흐른 후에, 당시의 면접이 다시 떠오르곤 한다. 오랫동안 잊어버리고 있던 양심과 정의, 그리고 법의 관계에 대한 의문들과 함께…….

흔히 우리나라는 대륙법계 법률 제도를 도입한 국가로, 실정법에 따라 판결을 해야 한다고들 한다. 그래서 법대를 다니거나 사법고시를 준비하는 학생들은 다양한 분야의 엄청나게 많은 법들을 열심히 공부하고 때론 여러 법조문을 암기해야 한다. 오랜 고시 공부와 사법연수원을 거치면서 법률은 하나의 거대한 도그마가 되어 법조인의 의식구조를 지배하게 된다. 그런데 과연 그게 전부일까. 법조인은 현재 실행되는 법률을 잘 알고 이에 따라 판단을 내리면 그만인, 고급 두뇌의 소유자이자 판결문 제조기에 불과한가.

아니, 나는 그렇게 생각하지 않는다. 법률은 물론 여러 가지 사회적 합의로 맺어진 약속이기에, 판사는 법률을 잘 알고 해석해 법률에 맞게 판단을 내려야 한다. 하지만 이보다 더 중요한 것은 정의가 무엇인지를 계속 고민하면서 양심에 따른 판결을 내리는 것이다. 판사들이 기계적으로 법률을 적용하기에 앞서 법의 정신이 무엇인지, 법이 추구하는 가치가 무엇인지, 우리 사회의 정의 실현을 위해서는 어떤 판결을 내려야 하는지 한번이라도 생각을 했다면, 정봉주 사건, 노회찬 사건과 같은 판결이 나왔을까? 법원의 판단을 국민들이 납득하지도 이해하지도 못한다면, 이는 단순히 국민들의 무지의 소치가 아니라 정의 관념에 반하는 판단을 내린 탓은 아닌지 돌이켜봐야 하지 않을까.

이 책을 쓰기 위해 황당하거나 납득하기 힘든 판결문을 분석하면서, 또 지나치게 경직되고 오만한 판사들의 태도를 돌이켜 보면서, 우리사회의 법조 정의란 무엇이고 법조인들이 과연 정의를 고민하고 있는가 하는 의구심을 떨칠 수 없었다.

우리나라의 경우 사법고시 준비 과정이 너무나 힘들고, 판사가 되기까지 거쳐야 하는 관문 또한 험난하기 이를 데 없다. 또 판사로서 해야 하는 업무량도 지나치게 많다. 그래서 판사들은 당장 처리해야 하는 사건에 파묻혀 허덕거리는 경우가 많고, 법과 정의라는 다소 추상적인 문제에 대해서는 좀처럼 고민하지 않게 된다. 점점 판결문제조기인 법관이 되어가는 것이다. 국민들이 도저히 납득할 수 없는 판결들이 속출하면서 사법 불신이 만연한 실정이다. 이런 상황에서 법조인들은 실정법과 판례라는 법률 해석의 틀에 얽매여 정의의 요청을 외면하고 있는 것은 아닌지 진지하게 자신을 돌아보아야 한다.

맺음말

우리를 좌절감에
빠트리게 하는 것은 무엇인가?

● 〈나라별 중산층 기준〉

　대한민국(연봉 정보 사이트 직장인 대상 설문조사) : 부채 없는 아파트 평수 30평 이상, 월 급여 500만 원 이상, 자동차는 2,000cc급 중형차, 예금액 잔고 1억 이상, 해외여행은 1년에 자주.

　영국(옥스퍼드 대 제시): 페어플레이를 할 것, 자신의 주장과 신념을 가질 것, 나만의 독선을 지니지 말 것, 약자를 두둔하고 강자에 대응할 것, 불의·불평·불법에 의연히 대처할 것

　프랑스(퐁피두 대통령): 외국어를 하나 정도 구사해서 폭

넓은 세계 경험을 갖출 것, 한 가지 분야 이상의 스포츠나 악기를 하나 이상 다룰 것, 남들과 다른 맛을 낼 수 있는 별미 하나 정도는 만들어 손님 접대할 줄 알 것, 사회봉사 단체에 참여하여 활동할 것, 남의 아이를 내 아이처럼 꾸짖을 수 있을 것, 사회 정의가 흔들릴 때 이를 바로잡기 위해 나설 줄 알 것.

요즘 인터넷에서 유머처럼 돌아다니는 글이다. 재미있게 읽다가도 문득 가슴이 뜨끔하다. 지금 우리 사회를 정확히 반영하고 있다는 생각이 든다. 우리의 모습을 돌아보지 않을 수 없다.

지난 수십 년간 앞만 보고 숨가쁘게 달려오는 과정에서 많은 국민들이 추구했던 가치는 '돈'과 '힘'이었다. 수단 방법을 가리지 않고 열심히 노력해서 돈을 벌고, 돈으로 다른 사람을 제압할 수 있는 '힘'을 키우는 것이 삶의 목표였다. 많은 사람들이 어떻게든 내 자식 내 가족은 떵떵거리며 살게 하겠다는 꿈을 품고 살아왔고, 무엇보다 경제적으로 풍요롭고 안정된 삶을 추구했다. 우리는 지난 수십 년간 '가치'나 '정의'를 말하지 않았다. 어떤 삶이 올바르고 의미 있는지, 어떤 사회가 바람직할 뿐만 아니라 살 만한지, 정의란 무엇이고, 옳은 것은 무엇인지 고민하기 전에 좋은 대학에 가야 하고, 좋은 직업을 가져야 하고, 많은 돈을 벌어야 하고, 자식을 먹여 살려야 했기 때문이다.

지금 우리는 30년, 40년 전과는 비교도 할 수 없을 정도로 경제적으로 풍요로운 사회에서 살고 있으며, 국가의 위상 또한 높아졌다. 수단과 방법을 가리지 않고 돈과 힘을 추구했던 사람들이 세계에서 손꼽히는 대기업을 경영하고 최고위층의 지위를 차지하고 있다. 하지만 그늘도 짙다. 점점 더 심각해지는 불평등, 초등학교 아니 유치원 때부터 경쟁에 내몰리는 아이들, 왕따나 학교폭력으로 고통받는 학생들, 극도의 스트레스 속에서 아이를 키우는 엄마들, 일하는 시간은 가장 길고 휴가는 가장 짧으며 돈 벌어오는 기계 취급이나 받는 가장들, 노후 대비를 못 해 자식에게 짐이 되거나 극빈층으로 전락하는 노인들, 결국 하루에 40명이 넘게 자살하는 사람들…… 이런 광경이 낯설지 않다면 당신은 2012년의 대한민국을 살아가고 있는 것이다.

법조계의 모습도 우리 사회에서 일반적으로 추구해왔던 가치에서 자유롭지 않다. 부모님의 뜻에 따라 좋은 대학에 가고 좋은 직업을 갖고 싶었던 공부 잘하는 아이들이 사법고시에 합격해 판사가 되고 검사가 되고 변호사가 되었다. 법조인이 되어 사회적으로 대우받고 부잣집 사위가 되기도 한다. 열심히 노력해서 얻은 자리 덕분에 경제적으로 부족함이 없으며, 사회적 존경과 명예도 당연히 따라온다. 충분히 대접받지 못하면 자존심이 상하고 열이 받는다. 승진에 민감하고 더 잘난 놈이 있으면 속이 상한다. 법조인이 되어 이루려 했던 바가 '더 잘난 사람'의 '충분히 대접받는 삶'이기 때문이다.

우리 법조계가 부조리하고 정의롭지 못하다고 느끼는가? 맞다. 법조계는 바로 우리 사회의 축소판이고, 우리 사회를 정확히 반영하고 있을 뿐이다. '정의'나 '바람직한 삶'에 대한 고민은 하지 않는 사회, 더 많이 차지한 사람이 더 많은 것을 누릴 수 있는 사회 말이다.

하지만, 문득 이건 아니라는 생각이 들기 시작한다. 많은 사람들이 BBK에 의혹을 제기한 정봉주를 감옥에 가둔 판결이나 삼성의 로비 의혹을 들춘 노회찬 의원을 처벌하는 판결에 분개한다. 힘없는 아이들을 괴롭힌 자들이 제대로 처벌받지 않는 〈도가니〉 속의 현실에 분노하고, 국민의 정당한 의문을 무시하는 〈부러진 화살〉 속의 판사들에게 화가 치민다. 우리는 더 이상 정의와 형평의 문제를 영화와 드라마 속에만 가두어둘 수는 없다. 정의롭지 못한 사회, 공평하지 못한 사회가 점점 더 우리를 분노하게 하고 좌절감에 빠뜨리고 있기 때문이다. 많은 구성원들이 더 이상 행복하지 않을뿐더러 분노에 사로잡혀 있다면, 이 사회는 분명 문제가 있다. 당연히 달라져야 한다.

우리나라 사법부에 대한 고민은 결국 우리 사회에 대한 고민으로 돌아온다. 더 정의로운 사법부를 만드는 길은 여럿 있겠지만, 결국은 더 정의로운 사회를 만드는 길밖에 없다는 결론에 이르게 된다. 많은 사람을 분노하게 하고 좌절에 빠뜨리는 사회, 수단과 방법을 가리지 않고 경쟁하는 사회, 더 많이 가진 사람이 더 많은 것을 차지하고 마는 사회는 결코 정의롭지 않다. 모든 사람이 인간답게 살아가며 공정한 대우를 받고, 소외된 자를 배려하며, 약자를 감싸 안고 강자에게 맞설 수 있는 정의로운 사회를 꿈꾼다. 이런 사회를 만들어야만 울분과 억울함이 사라질 것이다. 우리 모두의 공감과 노력이 필요하다.

감사의 글

이 책은 전적으로 나를 지지해주고 지원해준 남편의 도움이 없었으면 쓸 수 없었을 것이다. 남편만큼이나 큰 힘이 되었던 분들은 우리 아이들을 수시로 돌봐주시는 부모님이다. 그리고 세상에서 가장 착한 네 살 아이인 아들, 이 책을 쓰는 동안 무럭무럭 자라서 건강히 태어나준 딸에게도 진심으로 고맙다. 새로운 길을 택하는 데 큰 도움을 주었던 친구 지영이, 참여연대에서 함께 일하고 많은 영감을 주는 멋진 간사님들에게도 감사한다. 특히 오랫동안 활동해온 이지은 선배와 사법감시센터의 이진영 씨가 작업에 도움을 주었다. 그리고 여러 익명의 법조인들이 의견과 경험을 나누어 주셨다. 무한한 감사를 전한다.

젊은 변호사의 고백 : 그들은 어떻게 최고 권력을 위해 일하는가?

초판 1쇄 발행 2013년 1월 14일
초판 2쇄 발행 2013년 5월 13일

지은이 김남희
펴낸이 김선식

Design Creator 손은숙
Marketing Creator 이주화

1st Creative Story Dept. 황정민, 한보라, 박지아, 변민아
Creative Marketing Dept. 이주화, 이상혁, 백미숙
　　　　Public Relation Team 서선행, 전아름
　　　　Contents Rights Team 김미영
Creative Management Team 김성자, 송현주, 권송이, 윤이경, 김민아, 한선미

펴낸곳　(주)다산북스
주소　경기도 파주시 회동길 37-14
전화　02-702-1724(기획편집) 02-6217-1726(마케팅) 02-704-1724(경영지원)
팩스　02-703-2219
이메일　dasanbooks@hanmail.net
홈페이지　www.dasanbooks.com
출판등록　2005년 12월 23일 제313-2005-00277호

종이　(주)월드페이퍼
인쇄·제본　(주)현문인쇄

ISBN 978-89-6370-512-5 (03300)

· 책값은 뒤표지에 있습니다.
· 파본은 구입하신 서점에서 교환해드립니다.
· 이 책은 저작권법에 의하여 보호를 받는 저작물이므로 무단 전재와 복제를 금합니다.